PATTY

De negen levens van Patty Brard

Michel van Egmond & Antoinnette Scheulderman

PATTY

De negen levens van Patty Brard

INSIDE

Omslagbeeld: William Rutten
Omslagontwerp: Loudmouth, Utrecht
Auteursfoto's: Paul Tolenaar, Marc de Groot
Binnenwerk: Crius Group, Hulshout

ISBN 978 90 488 4905 5
ISBN 978 90 488 4906 2 (e-book)
NUR 672

www.overamstel.com

OVERAMSTEL
uitgevers

Inside is een imprint van Overamstel uitgevers bv

"Iedereen heeft zijn versie verteld en nu komt mijn versie. Ik ben 65, ik ben er klaar mee, ik ga nog één keer uitleggen hoe het zit."

Patty Brard
Talkshow *M*, 7 mei 2019

Van: Patty Brard
Datum: 6 november 2018 11:16:08 CET
Aan: Antoinnette Scheulderman
Onderwerp: Doorst.: One woman show Patty

Lieve Antoinette,

Hoop dat alles goed gaat met jou en je lieve Hondenboek. Zag je gisteren nog even in een herhaling van Tijd voor Max langs komen, de publiciteitsmachine draait weer op volle gang! Ik ben net terug uit Costa Rica voor een werkreis met oa Tijl Beckand. Tijl heeft een boekingskantoor voor voornamelijk de Lama's, maar toen ik hem vertelde dat ik heel graag nog eens het theater in wilde en mijn 65e verjaardag een uitgelezen kans daarvoor vond, werd hij superenthousiast en sinds vandaag is hij aan de slag met de boekingen voor 25-03-2020.
Ik stuur je hieronder de tijdlijn.
Wij vonden echter dat hier ook een boek bij hoorde...
Heb jij, of Michel en jij, zin en tijd?
Lieve kus,

Patty

Van: Antoinnette Scheulderman
Datum: 14 mei 2019 om 15:48:58 CEST
Aan: Priscilla Nasi
Onderwerp: Antw.: biografie

Beste Priscilla,

Ik ben Antoinnette Scheulderman, schrijver/journalist voor tijdschrift LINDA. en Volkskrant magazine. Michel van Egmond - bekend van zijn boeken over oa René van der Gijp en Wim Kieft - en ik zijn door jouw moeder gevraagd haar biografie te schrijven. Het boek moet volgend jaar verschijnen, ter gelegenheid van haar 65ste verjaardag.

Uiteraard zijn wij op de hoogte van het feit dat Patty en jij al enige jaren geen contact met elkaar hebben. We hebben er ook al met Patty over gesproken, en ze zoekt de oorzaak daarvan grotendeels bij zichzelf. Bovendien heeft ze ons gezegd dat jij alle vormen van publiciteit vervelend vindt.

Maar ondanks dat wilden we je toch mailen. We vinden dat jij – Patty's enige kind – onmisbaar bent in een boek dat over haar leven gaat. En we willen je sowieso graag de kans bieden om jouw visie op de gebeurtenissen te geven.

We zouden ook eerst een oriënterend gesprek kunnen voeren, dat we niet gebruiken voor het boek, maar is bedoeld om jou te laten aftasten of je open staat voor een tweede gesprek met ons. Dat eerste gesprek kan face to face, maar als je dat liever hebt ook via telefoon of FaceTime.

Ik hoop in elk geval dat we van je horen.

Met vriendelijke groet,

Antoinnette Scheulderman en Michel van Egmond

Van: Priscilla Nasi
Datum: 14 mei 2019 om 23:29:46 CEST
Aan: Antoinnette Scheulderman
Onderwerp: Antw.: biografie

Beste Antoinnette,

Bedankt voor jouw e-mail.
Ik heb totaal geen interesse om hieraan mee te doen.

Gr.
Priscilla

Sent from my iPhone

Van: Antoinnette Scheulderman
Datum: 15 mei 2019 om 07:14:48 CEST
Aan: Antoinnette Scheulderman
Onderwerp: Antw.: biografie

Beste Priscilla,

Dank voor jouw snelle reactie. Al vind ik het natuurlijk wel jammer om te horen.
Mag ik je nog vragen waarom je er niks over wilt zeggen?

Hartelijke groet,
Antoinnette

Van: Priscilla Nasi
Datum: 15 mei 2019 om 08:31:25 CEST
Aan: Antoinnette Scheulderman
Onderwerp: Antw.: biografie

Dat mag, maar daar geef ik geen antwoord op.
Succes met jullie boek.

Gr.
Priscilla

Sent from my iPhone

* * *

Wat is de meest bizarre roddel die ooit over jou de ronde deed?

"Ik ben weleens doodverklaard."

Hoe dan?

"Een hartstilstand, geloof ik."

En voor de rest?

"Voor de rest? Voor de rest ben ik bang dat de meeste roddels over mij gewoon waar zijn."

Waar zie je het meest tegenop om in de openbaarheid over te praten?

"Er zijn problemen in mijn familie, problemen waar ik voorheen nooit eerder uitvoerig met anderen over heb gesproken. Ik heb al moeten meemaken dat mijn vader is gestorven in mijn afwezigheid en dat hij werd begraven zonder dat ik daarbij mocht zijn, maar nu mag ik ook mijn moeder niet meer zien. Uitgerekend mijn eigen zus houdt dat tegen. Daar slaap ik niet van. Mijn moeder is dementerend en al 90 jaar oud. Ik ben bang dat ze straks sterft zonder dat ik haar nog heb gezien. Dat vind ik een moeilijk onderwerp om over te praten. Maar verder maakt het me niet uit. Over mijn drank- en drugsgebruik ben ik heel makkelijk: *I plead guilty.* Hetzelfde geldt voor mijn cosmetische ingrepen, mijn gewicht, mijn geld, mijn fouten, mijn mislukkingen... allemaal geen probleem. Mijn dochter Priscilla is wel een gevoelig onderwerp, maar vind ik toch niet meer zo moeilijk om over te praten als vroeger. En ook in dit geval geldt: *I plead guilty*. Ik ben niet de meest ideale moeder geweest, niet het meest briljante voorbeeld, maar ik heb wél mijn best gedaan. En ik heb haar zeker niet willen kwetsen zoals ik haar kennelijk gekwetst heb. Voor de rest zijn er weinig gevoeligheden en mag het overal over gaan: mijn gastric bypass, mijn drie huwelijken, mijn fouten, mijn faillissement, alles."

* * *

Er bestaan hallucinerende beelden van het faillissement van Patty Brard. Ze zijn van maart 1994. Die avond trekt presentator Michiel Bicker Caarten halverwege het *RTL Nieuws* een bedrukt gezicht en zegt: "De veiling van de persoonlijke bezittingen van de artieste Patty Brard heeft bijna een kwart miljoen gulden opgeleverd."

Er worden beelden vertoond, te beginnen met een totaalshot van de imposante Haagse villa waar de gevallen tv-ster tot voor kort woonde. In de voortuin, waar voorheen de blauwe Daimler van haar toenmalige zaken- en levenspartner Eric Peute naast haar eigen Jeep Cherokee stond te glimmen, heeft de curator nu een bord in het grind laten zetten. 'Heden Kijkdag', staat er in grote letters op.

Er loopt een man in een regenjas het beeld in. Hij is met gretige pas op weg naar de voordeur. Een voice-over zegt: "Veel geïnteresseerde kopers kwamen er niet. De kijkdag in het huis aan de Haagse Javastraat was vooral een kans om ongegeneerd rond te neuzen."

Er worden beelden vanuit de slaapkamer getoond, waar vier vrouwen een jas uit Patty's kast hebben getrokken en deze nu ter beoordeling omhooghouden. In de rest van de kamers en over de gangen trekt een sliert mensen in een grotendeels zwijgende processie langs wat ooit haar persoonlijke bezittingen waren, maar waarvan nu zelfs de kleinste spullen de curator toebehoren. Er hangen kaartjes aan, met daarop nummers die corresponderen met omschrijvingen in de catalogus.

Nummer 475: de gouden plaat voor Trojan Horse

Nummer 321: drie gesigneerde schilderijen van Herman Brood

Nummer 539: de kinderatlas van Priscilla

Nummer 073: een zwarte Steinway vleugel

Nummer 143: het broodrooster uit de keuken beneden

Patty's huis is op slag veranderd in één grote Kijkshop, maar dan een filiaal dat het hele weekend is geopend. Alleen al op zaterdag stampen er 1500 mensen door haar huis. 'Boedeltoeristen', zo worden ze genoemd in een reportage die *NOVA* een paar dagen later uitzendt. Daarin zoemt de camera in op het verlaten koffiezetapparaat van de vrouw des huizes. Een voice-over zegt: 'De koffie zit nog in de filter, de eigenaresse bleek in allerijl het pand te zijn ontvlucht.' In werkelijkheid is haar per officieel schrijven de toegang tot het huis ontzegd, maar dit klinkt nu eenmaal een stuk sappiger.

Er trekken drommen mensen door haar slaapkamer. Ze staren naar haar onopgemaakte bed alsof het een experimenteel kunstwerk is en leveren in groepjes ongegeneerd commentaar op de volle asbak die ernaast staat. Een enkeling heeft voor de gezelligheid z'n kinderen meegenomen.

De meeste bezoekers kunnen eenmaal aangekomen op de eerste verdieping hun enthousiasme nauwelijks nog onderdrukken. Ze lopen erbij als kleuters in een attractiepark: opgewonden, met open mond soms. Op zolder ligt een volwassen man grijnzend in het kinderbed van Priscilla. Zijn schoenen heeft hij daarbij gewoon aangehouden.

'Sommige kijkers wilden het allemaal vastleggen, voor later,' zegt de voice-over. In beeld verschijnt dan een meneer met een ouderwetse videocamera. Hij is bezig minutieus de huiskamer te filmen: van de blinkende salontafel met de familiefoto's naar de huisbar, waar in betere tijden vaak al vroeg in de middag de eerste wodka-tonics werden geserveerd aan een bonte stoet van huisvrienden, maar waar nu een onbekende mevrouw vette vingers maakt op het kristallen glaswerk. Ook zij wekt de indruk dat ze er een dagje-uit van heeft gemaakt. Op de eerste verdieping krijgen wildvreemde mensen de slappe lach, omdat een van hen voor de grap in Patty's bad is gaan liggen.

* * *

Hoe heeft jouw faillissement je beïnvloed?
"Dat is simpel: vroeger leefde ik bij de dag, sinds dat faillissement leef ik alsof ik de Tweede Wereldoorlog heb meegemaakt."
Maar je bent er niet zuinig van geworden, toch? Je geeft ook wel graag uit.
"Nou, dat vind ik wel meevallen. Ik spendeer wél veel geld aan het kunnen functioneren van het fenomeen Patty Brard. Dus aan mijn gezicht, kleding, masseurs, maar het is niet dat ik alles in de PC Hooftstraat uitgeef. Vroeger deed ik dat wel. Omdat ik er blij van werd, en ik toch nog twintig jaar carrière te gaan had. En nu weet ik dat ik nooit meer zoveel geld zal verdienen. Dat is het verschil."
Hoe leefde je in de jaren 80, toen je een relatie had met Carlo Nasi?
"Omdat Carlo een erfgenaam van de Agnelli-familie was, eigenaar van FIAT, de grootste autoproducent van Italië met tientallen miljarden omzet per jaar, kon ik in Turijn winkelen zonder creditcard. Zijn zusje introduceerde me in al die boetieks en dat was genoeg. Zij is heel *glamorous* en ook volledig *fashion victim*. Ik weet nog dat we op een zaterdag

samen gingen shoppen en daarna op het matje werden geroepen door Carlo en zijn zwager. Bleek dat we in één middag drie ton hadden uitgegeven. Dat ging echt van: 'mooi kasjmieren truitje, doe maar in tien kleuren'. En ik ben niet gierig, nooit geweest. Ik had een geweldige kapster in Los Angeles, die allerlei wereldsterren knipte, dus als mijn haar gedaan moest worden, vloog ik haar gewoon in. Ik dacht dat dat normaal was. En ze was ook wel heel goed, hoor. Ze deed ook Stevie Wonder."

Die is blind, dus ik weet niet zeker of dat nou zo'n aanbeveling is.

"Ik geef maar een voorbeeld, schat. Voor de lancering van de *Playboy* waar ik op de cover stond, liet ik m'n vrienden uit de hele wereld invliegen. Ik vond het allemaal nóg gezelliger als zo veel mogelijk mensen konden meegenieten. Ik was rijk, maar wel léúk rijk."

En ook een beetje impulsief?

"Ja, natuurlijk. Waarom denk je dat ik in dit soort problemen terecht ben gekomen? In elk geval niet omdat ik over alles zo goed heb nagedacht."

* * *

December 2018, precies een kwart eeuw na haar veelbesproken faillissement, zit Patty Brard aan het kookeiland van haar huis in Amstelveen en aait hondjes Lulu en Bibi om de beurt zachtjes onder hun kin. Vandaag draagt ze een zwarte baseballpet, een Mickey Mouse-sweater, een rode trainingsbroek van Ivy Park en sportschoenen zonder sokken. Er ontsnapt een zucht aan het mediafenomeen, diep en theatraal. Dat is niet voor het eerst vandaag, en ook niet voor het laatst.

"Mijn God jongens, wat een nacht. Ik heb het gevoel alsof ik onder de Thalys heb gelegen."

Er was een tijd dat zo'n opmerking betekende dat ze na heel veel drank en drugs tot zonsopgang ergens in de kroonluchters had gehangen. Maar dat was vroeger, in een heel ander leven. Tegenwoordig gooit ze de uitnodigingen voor feestjes bij voorkeur ongeopend weg. En drinken doet ze al helemaal niet meer. Ja, gemberthee, in heel kleine, voorzichtige slokjes, vanwege haar gastric bypass, een ingreep waarbij haar maag definitief is verkleind en het spijsverteringskanaal gedeeltelijk is omgeleid, waardoor ze veel minder kan eten, en sowieso nooit eten en drinken tegelijk.

'Ik heb genoeg gedronken in mijn leven,' zegt ze altijd wanneer mensen naar haar droge periode informeren – en waarschijnlijk overdrijft ze dan niet.

Zelf kan ze het amper geloven, maar de pensioengerechtigde leeftijd nadert. Over vijftien maanden is het zover. Bij veel vrouwen van haar leeftijd is inmiddels de grootste opwinding in het bestaan wel voorbij. Niet bij La Brard. Ze heeft het zelden zo druk gehad. Een hilarische speech tijdens het Televizier-Ring Gala 2018 – waarin ze niet alleen de complete televisiewereld maar gelukkig ook zichzelf op de hak nam – vormde het startschot voor de zoveelste revival van haar tv-carrière. In Hilversum, waar zelfspot zo schaars is als moslims in de PVV-fractie, sloeg haar toon zowel bij de bazen van de commerciële als de publieke omroepen aan. De uitnodigingen voor nieuwe programma's begonnen weer ouderwets binnen te stromen. Zelf kan ze zich daar nog het meest over verbazen. "Ik ben net de kat met de negen levens. Mijn carrière begint telkens weer opnieuw. Leuk hoor, maar ook *bloedvermoeiend* soms."

Gisteren bijvoorbeeld, vond ze zichzelf terug in Zwijndrecht of all places, waar ze een aflevering opnam van het RTL-programma *Hotter than my Daughter*. "In de ochtend waren we in weet-ik-veel waar, voor de eerste opname met een dertienjarige jongen die zijn moeder had opgegeven omdat ze de hele dag in foute leggings en op Birkenstocks rondliep. De bedoeling is dat ik dan langsga om met die mensen te praten en uit te vinden wat er achter hun kledingkeuze schuilt. Negen van de tien keer stuit je dan op heel dramatische levensverhalen. Nu ook weer. Vlak na de koffie had ik de eerste huilende deelnemer al op schoot.

Nou, toen we dat gehad hadden, gingen we lunchen. Dat gebeurde bij Van der Valk, ergens langs de snelweg. Van der Valk! Dat is nou de glamour van het Nederlandse tv-wereldje. Dat je daar met je gastric bypass achter dat bakje appelmoes met die uitgedroogde kers zit. Maar ik zal je heel eerlijk zeggen: ik vind het énig."

* * *

Wat beschouw je zelf als het hoogtepunt van je tv-carrière?

"Achteraf gezien is dat toch het presenteren van het San Remo-festival, live, in het Italiaans, zeven dagen achter elkaar. Dat programma bestaat al duizend jaar en wordt niet alleen in heel Italië uitgezonden, maar ook in weet-ik-veel hoeveel landen in Zuid-Amerika. Als je ze allemaal bij elkaar optelde, keken er 200 miljoen mensen. Ik was amper dertig jaar. Wat ik alleen heel jammer vind, is dat ik er op het moment zelf helemaal niet van genoot. Pas nu denk ik: dat ik dat heb gedúrfd! En wat was ik een ster! En wat was ik bang! Ik moest in de coulissen worden geholpen door een arts, zo nerveus was ik. Ik zweer het: ik had niet eens meer een polsslag. Godzijdank is dat inmiddels uitgegroeid tot het tegenovergestelde. Ik ben steeds meer mezelf geworden. Nu zit ik tegenover jou zonder make-up, zonder haarstukken, net uit het Freezlab, met die pukkels..."

Een ander mens?

"Een ander leven vooral. Inmiddels drink ik het liefst met Antoine rustig een kopje thee op een verder verlaten berg op Ibiza en speel ik de rest van de dag met onze honden, maar toen woonde ik in Los Angeles met mijn tweede man Carlo en leefde ik het jetsetleven. Door hem bestond mijn vriendenkring opeens uit mensen als Alain Delon en Sheila E. Van de ene op de andere dag ging ik in plaats van naar Ajax naar de L.A. Lakers. Mickey Rourke belde soms om te vragen of we die avond iets te doen hadden. Heel gek allemaal. Marvin Gaye was onze buurman, verderop in de straat woonde Jermaine Jackson. Ik bedoel maar. We waren ook vaak in het familiehuis in Monte Carlo. Was ik daar opeens paaseieren aan het zoeken met prinses Caroline van Monaco. Het was allemaal heel gek. Als ik in Italië ging shoppen, liep er een chauffeur mee om mijn tassen te dragen. Het was Patty in Wonderland."

* * *

Soms komt Patty als presentatrice van *Hotter than my Daughter* een huiskamer binnen en is het alsof de Dalai Lama is gearriveerd. De hoopvolle blikken die ze dan aantreft, kunnen haar weleens naar de keel vliegen. "Mensen beschouwen je soms als een vrouwelijke Dr. Phil. Leuk allemaal, maar ik kan niet in twee uur tijd iemands leven veranderen." Vaak ziet ze de wanhoop op de gezichten van de achterblijvers op het moment dat ze aan het einde van de draaidag weer vertrekt, vooral wanneer ze dat tot hun teleurstelling doet door gewoon in haar matzwarte BMW te stappen, in plaats van over het water terug naar huis te wandelen.

In Zwijndrecht bijvoorbeeld, op het tweede adres van de dag, had ze zich eerst een weg moeten banen door een tuin die was versierd met plastic doodshoofden. In de heg hingen spoken uit de fopwinkel en nep-spinnenwebben, aan de deur was een heks op een bezemsteel bevestigd. Eenmaal binnen trof ze moeder en dochter op de tweezitsbank aan.

"Die moeder was een Metallica-fan. Van boven helemaal in het zwart, compleet met doodshoofden, en dat gecombineerd met een felgekleurde Disney-legging. Die arme vrouw heeft alleen maar zitten janken. Ze was zeventig kilo afgevallen dankzij een gastric bypass, na zich eerst van ellende door een maagband te hebben gegeten, maar toch was ze nog steeds ongelukkig. En nu was ik haar antwoord op de vraag: wat moet ik doen met mijn leven? Maar kom op jongens, dat kán toch niet? Die dochter: zelfde verhaal. Ook voor haar was ik de enige hoop. Heel lieve mensen hoor, echt waar, maar wat moet je dan? Ik zei: 'Misschien kunnen we eens beginnen met al die doodskoppen uit huis te zetten. En die spoken en die spinnenwebben uit de tuin. Metallica is ook klaar nu. We zetten Jantje Smit op. Net iets vrolijker. En doe effe bij de Action een zak waxinelichtjes halen.' Een béétje gezelligheid mag toch wel? Alsjeblieft zeg."

Het werd zoals zo vaak een bijzondere middag, maar nu, na tien afleveringen, merkt ze dat de levensverhalen van de ongelukkige wildvreemden bij wie ze de afgelopen tijd kwam binnenvallen, haar niet onberoerd hebben gelaten.

Ze zegt dat ze vannacht maar een paar uur heeft geslapen.

"Om drie uur zat ik nog van ellende rechtop in mijn bed. Ben ik mijn mailbox maar gaan bijwerken. En vanochtend werd ik jankend wakker. Ik dacht bij mezelf: *O wat erg, die mensen staan vandaag ook op! En in hun leven is niets ver-*

anderd! Daar werd ik zó verdrietig van. Ben ik eerst maar teruggegaan naar dat lekkere Hästens-bed van me en na het opstaan ben ik heel lang in bad gaan liggen. Heb ik al die ellende door het putje laten wegvloeien. Daarna nog één hapje *risotto a la Milanese*, met een beetje witte truffel erop, en toen ging het wel weer."

***

Is Antoine net als jij wat betreft luxe en geld?

"Nee. Ik vind: wat je hebt, moet je delen. Daar wordt hij soms helemaal gek van. Overigens ook van al die visite in ons huis op Ibiza. Hij zegt: het kan toch soms wel een beetje kalmer? Maar ik lig nu eenmaal het liefst met dertig kinderen in het zwembad. Sorry."

Je hebt aan die carrière een prachtig huis op Ibiza overgehouden.

"Nou: we huren het. En dat is wel zonde, natuurlijk. In principe had ik door al die jaren hard werken inmiddels makkelijk een koophuis moeten hebben. Maar ja, als je nog midden in het leven staat en overal rondjes geeft, ben je daar niet mee bezig. Ik ben gewoon te slordig omgegaan met mijn centjes, dat realiseer ik me maar al te goed."

Geef eens een voorbeeld?

"Als ik in een hotel ga, kies ik voor het niveau van John de Mol. Die kwam ik dan dus laatst ook echt tegen bij het ontbijtbuffet in Bangkok. We logeerden allebei in het Royal

Oriëntal Mandarin. De prijs maakt mij dan geen reet uit, ik ga niet eens vragen wat een kamer kost. Ik ben het hele jaar aan het werk, dus ik heb geen zin in slechte hotels of slecht eten. Maar voor Antoine hoeft vijf sterren niet. Die houdt van mooie dingen, maar twee sterren vindt hij ook prima."

Misschien is het wel handig, dat hij er wat beter op let dan jij?

"Ik weet nog dat hij in mijn vorige huis op Ibiza kwam en ging berekenen wat ik aan onkosten had gemaakt in de zeven jaar dat ik het huurde. 'Vandaag zit ik op vier ton,' zei-ie dan. Ik liet allemaal dingen verbouwen, maar in een huurhuis verdien je dat natuurlijk nooit terug. Dus daar gaan we nu wel anders mee om. Ik zou een paar mooie puien in ons huidige huis willen, maar dat doe je uiteindelijk vooral voor de huurbaas. Dus loop ik wel effe om, als ik me er te veel aan erger."

Jij ging failliet doordat je toenmalige zaken- en levenspartner Eric Peute je met een financiële chaos achterliet. Een paar jaar later claimde je te zijn opgelicht door jouw tweede echtgenoot, René Muthert. Hoe deed hij dat eigenlijk?

"Nou, gewoon: om vijf voor twaalf 's avonds vijfhonderd gulden pinnen, wat het maximale bedrag per dag was, en om vijf óver twaalf wéér. En dat elke dag. Hij was net zo'n geslepen oplichter als Peute, maar dan in het klein."

In een Telegraaf interview ontkende René later dat hij geld van je zou hebben gestolen.

"Natuurlijk ontkent hij dat. Plunderaars ontkennen altijd dat ze plunderen. Maar ik vind hem echt een boef. Ik heb nog meer respect voor iemand die een bank berooft dan voor een dief die een vrouw zo achterlaat, met een spoor van vernieling."

Maar je had hem jouw bankpas gegeven?

"Ja."

Nadat je net een beetje was hersteld van het faillissement waarmee Peute je achterliet.

"Misschien vind ik geld gewoon niet zo heel belangrijk. En ik heb gewoon echt geen zin om mijn bankzaken zelf te doen. Het is voor mij net als strijken; ook zo'n debiele bezigheid."

Dus laat je het over aan Antoine.

"Ja. En ik ben blij dat ik dat nog dúrf. In het begin heeft Antoine veel last gehad van mijn verleden. Toen we gingen trouwen, heb ik hem eerst een hele papierwinkel aan documenten laten tekenen. Want trouwen in gemeenschap van goederen, daar begin ik niet meer aan. Dus we hebben mappen vol Excel-sheets opgesteld met wie wat heeft betaald. Van de kussens op de bank tot de bank zelf en de hele verdere inboedel. Zeventig procent is van mij, dertig procent van hem.

Maar geloof me nou: Antoine is er echt het type niet naar om met mijn boekhouding te gaan rommelen. Bovendien laat ik alles helemaal nakijken door een expert. Die man heeft in de veertien jaar dat ik samen ben met Antoine nog nooit één foutje gevonden. Alles klopt tot op het laatste dubbeltje. Wat mij dan weer helpt, is dat ik sommige dingen toch maar niet koop, omdat ik weet dat Antoine alle bonnetjes ziet."

Hoeveel geld denk je dat je erdoorheen hebt gejaagd?

"Ik durf het niet uit te rekenen. Ik moet in elk geval nog

steeds werken voor het geld en dat wíl ik ook."

Patricia Paay zei ooit, toen mensen haar verweten dat ze te vaak op tv was: 'Als iemand morgen een envelop met genoeg geld in mijn bus douwt, zien ze me nooit meer terug.'

"Dat zou niet bij mij opkomen. Ik ga niet met lood in mijn schoenen naar mijn werk, integendeel. Daarbij: ik heb van stoppen met werken nog nooit iemand léuker zien worden."

* * *

Een dag later, halfzes in de avond. Met de verwarming op tropisch stuurt Patty in het donker door de file en de stromende regen van Aalsmeer naar Hilversum, op weg naar Studio 21. Ze zat vanochtend om halfzeven al in de make-up, begon om negen uur met opnames en interviews in Amsterdam en direct daarna is ze naar Aalsmeer gejakkerd voor een middagopname van *Wie ben ik?*, het spelletjesprogramma van Wendy van Dijk, de presentatrice die in de studio achter haar rug om 'Verwendy' wordt genoemd.

Het principe van *Wie ben ik?* is niet erg moeilijk: je moet raden wie iemand is. "Als je het antwoord weet, mag je het natuurlijk direct zeggen, maar voor het spel is het wel leuker om eerst even te doen alsof je geen idee hebt," had een redacteur vooraf in de kleedkamer gezegd. "De meeste deelnemers doen dat wel. Behalve Paul de Leeuw dan. Die was heel fanatiek en riep elk antwoord zodra hij het wist. Paul nam het heel serieus, die wilde echt winnen. Dat mag natuurlijk, maar dan wordt het wel een heel korte quiz."

"Maak je geen zorgen, schat," had Patty geantwoord, "me in het openbaar dommer voordoen dan ik ben, dat kan ik heel goed." Het stond er binnen anderhalf uur op. Als dank voor haar deelname kreeg ze van de vrouwelijke producer een kus op de mond en van haar assistente een RTL4-pizzaknipper.

Nu is ze onderweg naar de *roast* van Johnny de Mol, een evenement waarvoor Comedy Central jaarlijks een groepje BN'ers optrommelt om de hoofdpersoon voor het oog van de camera's te beledigen.

"Waarom doe ik dit eigenlijk?" vraagt ze aan niemand in het bijzonder, wanneer na een uur stapvoets rijden het MediaPark eindelijk is bereikt. "Ik ben bevroren, ik heb hoofdpijn, ik ben er klaar mee. Ik wil ook helemaal niet op hakken door zo'n studio lopen en leuk doen. Ik wil naar mijn bed."

Op het parkeerterrein staan groepjes mensen die straks als publiek dienen bij een ander programma in een andere studio. Ze kunnen hun geluk niet op, nu er zomaar een BN'er in het wild oversteekt. Als revolvers worden de telefoons getrokken.

"Patty, heb je zin om met ons op de foto te gaan?" vraagt een meisje met een beugel namens een groepje Brabantse vriendinnen.

"Nee," zegt ze, maar ze lacht er snel bij om er zeker van te zijn dat iedereen begrijpt dat dit een grap is, want in werkelijkheid weigert ze nooit en nu dus ook niet, zoals ze ook altijd bereid is met elke taxichauffeur en cassière een praatje te maken als daar behoefte aan blijkt, en desgevraagd elk lichaamsdeel van een handtekening voorziet. Het is een sympathieke eigenschap die niet elke BN'er gegeven is, maar die alleen wel veel tijd kost.

"Doe maar" zegt ze tegen de Brabantse meiden. "Alleen het liefst een beetje snel, want ik heb het ijskoud."

Na de eerste selfie volgt al snel de volgende. Zo gaat het stapje voor stapje, van telefoon naar telefoon. "Het is eigenlijk belachelijk," zegt ze, wanneer ze eindelijk de ingang heeft bereikt, "dat je samen met het publiek naar binnen moet."

Eenmaal in de kleedkamer gaan de schoenen en al snel ook de broek uit. Met blote benen en op witte sokjes loopt ze een paar rondjes door de ruimte, voordat ze uiteindelijk in een stoel neervalt.

Nog een keer die zucht.

"Waarom dóé ik dit?"

Het antwoord op die vraag is vrij simpel: omdat de meeste andere gegadigden niet durfden. Het is in televisieland vrij ongebruikelijk om 'nee' te zeggen wanneer er gratis exposure wordt aangeboden, behalve dan wanneer je wordt gevraagd om het zoontje van de machtigste televisiebaas van Nederland te komen afzeiken. Dan neemt het enthousiasme opvallend snel af.

Zelfs één week voor de opnames waren er nog angstige afbellers, wat veel zegt over de Noord-Koreaanse reputatie die De Mol sr. in televisiekringen bezit, maar minstens zoveel over het karakter van Patty Brard. "Natuurlijk heb ik ja gezegd. Wat kan mij het nou schelen wat John de Mol er allemaal van vindt? Die gaat mij toch geen baan meer aanbieden. Ik hou ervan om te werken, om nieuwe dingen te doen, dus ik zeg snel ergens ja op. Maar nu ik hier eenmaal ben, vraag ik me wel af waarom ik niet gewoon thuis op de bank vanonder mijn verwarmde HEMA-dekentje Netflix zit te kijken."

In plaats daarvan heeft ze zich nu in de kleedkamer even half achter de rode Smeg-koelkast verstopt om zich zuchtend en steunend in een korset en vervolgens in een blauw-witte Isabel Marant-jurk te hijsen. Dat korset draagt ze omdat Herman den Blijker, de nogal fors uitgevallen Rotterdamse chef-kok, haar een paar weken geleden tijdens een omhelzing verwarde met een tube mayonaise en zo hard in haar kneep dat ze nu een paar gekneusde ribben heeft.

Ruben van der Meer komt binnen om gedag te zeggen. Hij draagt een te krappe smoking en neemt af en toe een slok van zijn glas champagne. Hij oogt ontspannen, maar hij zit dan ook in het publiek.

"Knap hoor, dat je dit durft," zegt hij.

"Hoe bedoel je?"

"Nou, bij iemand met zo'n vader."

"Wat interesseert mij die vader nou?" zegt Patty nog maar een keer. "Die heeft toch geen werk meer voor mij. Ik doe dit voor kleine Johnny. Die kan ik niets weigeren. Ik ken dat jong al zo lang. Ik heb zijn luiers nog verschoond."

Dat laatste bedoelt ze letterlijk. Het komt ook op het podium ter sprake, wanneer ze in de volle zaal aan de beurt is. "Johnny, ik heb jouw luiers nog verschoond. En ik zag toen al dat de inhoud niet indrukwekkend was. Des te knapper dat je met zoiets kleins nog zo'n spoor van vernieling hebt achtergelaten!" Dit is ongetwijfeld een grap van comedian Wilko Terwijn, met wie ze de afgelopen dagen tussen de bedrijven door aan de speech schreef. Een paar zinnen later suggereert ze dat ze een keer met Johnny de Mol naar bed is geweest. Dat is ongetwijfeld een tekst van haarzelf.

Na afloop is er feest. Als een horde dorstige pinguïns stroomt een paar honderd man in smoking richting de verschillende bars. In de kleedkamer zoekt Patty intussen haar krultang en haarstukken bij elkaar. Vroeger, zeker in de jaren dat ze samen met Marga Scheide en José Hoebee wereldwijd furore maakte met popgroep Luv', kon ze op dit soort momenten niet wachten om zich desnoods al in gala op de champagne te storten, maar nu sluipt ze liever op sneakers door de verlaten studiogangen richting het parkeerterrein. Het is halfeen 's-nachts. Na bijna achttien uur onafgebroken reizen en werken zit de dag er eindelijk op. Met haar schouder duwt ze de studiodeur open. Binnen wordt de tent langzaam maar zeker op z'n kop gezet, buiten opent ze de kofferbak van haar BMW en zucht haar diepste zucht van de dag.

"Wat kan een mens naar z'n pyjama verlangen, hè?"

***

Heb jij echt de luiers van Johnny de Mol verschoond?

"Zeker. We hadden met Luv' een trip gemaakt naar Spanje, onze eerste tv-special voor de TROS. Dat moet ergens rond 1980 zijn geweest. Marga kwam uit Spanje terug met John de Mol sr., ik met Henny Budie. Terwijl ik officieel nog met Ron Brandsteder was getrouwd, en zij met een keukenboer. Omdat onze spullen nog bij die kerels stonden, jatten we het bestek uit de Concorde waarmee we met Luv' de halve wereld overvlogen; zelf hadden we namelijk niets meer. Marga en ik huurden daarom maar samen een huis, aan de Dalweg nummer 10 in Hilversum. Een vrij onhandige keuze, aangezien op de ene hoek Henny woonde en op de andere Willeke Alberti, die toen nog met John was getrouwd. Toen Willeke erachter kwam, werd ze zo woedend dat ze kleine Johnny met poepluier en al bij ons naar binnen duwde. 'Hier,' riep ze, 'als je mijn man wilt, dan mag je ook de luiers van zijn zoon verschonen!'"

En een paar decennia later sta je voor draaiende tv-camera's te insinueren dat je het met hem hebt gedaan.

"Nou ja, die kleine beweerde dat-ie iedereen op het podium geneukt had, behalve Tooske. Dus daar reageerde ik op. Meer niet."

Maar?

"Maar wat?"

Maar is het ook wáár?

"Oh... Nou, die jongen is één keer bij mij blijven slapen en toen heeft-ie inderdaad iets geprobeerd, maar er is verder niets gebeurd. Maakt ook allemaal niet meer uit. Zo gaat dat soms. Je bent allemaal weleens de weg kwijt, toch?"

Jawel.

"Nou dan."

Maar had hij toen...

"Ja, die luier had-ie toen al wel af, ja."

* * *

Vorige week was Patty Brard plotseling Albert Verlinde tegengekomen, of 'tante Verlinde', zoals ze hem meestal noemt – een van de vele collega-BN'ers met wie ze een knipperlichtrelatie onderhoudt. Aan, uit, aan, uit. Zoals dat ook geldt voor Patricia Paay, Evert Santegoeds, Tijl Beckand, Gordon en ontelbaar veel andere mensen uit de showbizzwereld, vindt ze tante Verlinde het ene moment een lul, en het volgende moment een schat. Nu is hij weer even een schat. "Het zal tussen ons altijd een *bumpy road* blijven. Ik was het een keer zat dat-ie het in *RTL Boulevard* zo vaak over mij had en toen ben ik met draaiende camera naar hem toe gegaan om hem te confronteren. Vervolgens is hij uit zijn kantoor op het Mediapark gevlucht. Hij wilde niet praten met een camera erbij. Ja, dat zou lekker zijn; je praat met iedereen over mij, en dan mag ik zeker niet met jóú praten? Toen is-ie uit zijn raam geklommen. En we hadden het op beeld. Daar is de frictie tussen ons begonnen. We hebben nooit slaande ruzie gehad, maar wel vaak onenigheid. Niet erg, ik kan er wel mee omgaan. Albert vertelde me trouwens dat zijn voormalige buren uit Amsterdam sinds kort zijn verhuisd naar Den Haag. Weet je waar ze nu wonen? In mijn oude huis, in die fucking Javastraat! Hoe toevallig is dat? Hij heeft me hun telefoonnummer gegeven. Dat is toch heel lief van hem, of niet? Schijnen twee heel aardige mannen te zijn die daar nu wonen, heel gastvrij... Als je wilt, zouden we erheen kunnen gaan. Niet dat ik me erop verheug, maar het zóú kunnen."

De overweging om terug te keren naar het spookhuis uit haar verleden is opvallend, want sinds die zwarte dag waarop vreemde huisvrouwenhanden gretig door haar nachtkastjes ploegden, heeft ze nooit meer ook maar in de buurt van de Javastraat willen komen. Sterker: ook 25 jaar na haar faillissement heeft ze nog steeds de gewoonte om, als het even kan, met een grote boog om heel Den Haag heen te rijden.

Den Haag is de stad waar ze opgroeit, maar ook waar ze in 1991 een relatie krijgt met Eric Peute, een dan 41-jarige Wassenaarse bon vivant die ooit fortuin maakte als initiatiefnemer van het glossy modetijdschrift *Avantgarde*, maar die technisch al zo goed als failliet is wanneer hij en Patty gaan samenwonen. Als Peute zou moeten worden omschreven in één woord, dan is dat: flamboyant. Een ander goed woord zou zijn: onbetrouwbaar.

Hij weet zijn nieuwe vriendin over te halen samen een tijdschrift te beginnen (titel: *Hallo!*, later: *Brard*, weer later: *Basta*) en vervolgens ook een kledingzaak. Hoewel hij veel minder geld tot zijn beschikking heeft dan hij doet voorkomen, blijft hij tot aan zijn laatste snik een man van het grote gebaar. Als bedrijfspand voor de beginnende onderneming wordt bijvoorbeeld gekozen voor een villa van Beverly Hills-achtige allure in Wassenaar, een monument uit 1913 dat ooit dienst deed als ambtswoning van toenmalig minister van Buitenlandse Zaken Joseph Luns, en waarvan wordt gefluisterd dat in de oorlog Arthur Seyss-Inquart er hoogstpersoonlijk een tijdje verbleef, maar die nu plotseling wordt bewoond door Patty Brard en haar vijfkoppige redactie. Helaas is het blad *Hallo!* een regelrechte kopie van het succesvolle Spaanstalige glamourmagazine *Hola!* zonder dat daar een licentie voor is betaald – en dus is een van de eerste bezoekjes aan de villa dat van een bataljon advocaten uit Madrid. Ze hebben een *field day*. Zo lopen de rekeningen snel op.

Voordat de relatie met Peute op een bittere manier eindigt, tekent Patty in de nadagen van de verliesmakende onderneming een document dat haar op slag privé aansprakelijk maakt voor alle zakelijke schulden. Die ene handtekening wordt haar financiële ondergang. Het feit dat er geen administratie was – of je moet de schoenendozen met grotendeels buitenlandse bankbiljetten die Peute onder zijn bed en in zijn kledingkast verstopt zo willen noemen – maakt haar als formeel directeur aansprakelijk voor onbehoorlijk bestuur. Ook ligt er een aangifte wegens bedrieglijke bankbreuk op de loer vanwege de benadeling van schuldeisers. De maximumstraf hiervoor is zes jaar cel. De relatie met Peute is meteen voorbij. De twee verkeren ook direct op voet van oorlog met elkaar. Enkele weken na het uitspreken van het faillissement stuurt zij zelfs de politie op hem af, wanneer ze vermoedt dat Peute spullen uit het huis heeft ontvreemd, waaronder een fotoalbum dat volgens verslaggever Sjuul Paradijs, die voor de *Privé*-pagina van *De Telegraaf* alles op de voet volgt, 'pikant materiaal' bevat. De laatste dagen van 1993 brengt Peute dan ook door op het politiebureau, dat ironisch genoeg vlak achter de Javastraat ligt. Vanuit zijn cel heeft hij uitzicht op het raam van wat een paar weken eerder nog zijn eigen slaapkamer was. Patty noemt het later in een interview 'mijn lekkerste kerst ooit'.

Haar faillissement en de schuld van 2,7 miljoen gulden die eruit voortvloeien, vormt het grote breekpunt in haar leven, een *reality check* die ook bijna drie decennia later nog op allerlei vlakken nadreunt in haar dagelijks bestaan. Ze praat er in typische Brard-zinnetjes over, zoals 'de dag dat ik failliet werd verklaard, was ik op slag rijp voor het autokerkhof', en 'ik slikte slaappillen alsof het Smarties waren, er waren genoeg dagen dat ik dacht: ik sla ze allemaal tegelijk achterover'.

Ze zegt dat de publieke vernedering destijds zó heftig aanvoelde, dat inmiddels uit onbewuste zelfbescherming vrijwel de complete episode uit haar geheugen is gewist. Van de commotie rond de openbare verkoop in het Scheveningse Promenade Hotel bijvoorbeeld, herinnert ze zich alleen nog wat flarden van tv. Een wildvreemde vrouw die met een arm vol knuffels van Priscilla naar huis gaat. Iemand die op het parkeerterrein zijn kofferbak volstouwt met haar beddengoed. Maar het merendeel is geblockt, zegt ze, of vergeten, of afgesloten en weggeborgen in een geheugenkamer waarvan ze de sleutel al heel lang kwijt is.

* * *

Waar viel je op bij Eric Peute?

"Als ik thuiskwam, had hij het bad laten vollopen, met allemaal kaarsjes eromheen, terwijl hij piano voor me speelde. Of had hij ineens een puppy voor me gekocht. Of hij zei: 'Pak je koffer, we gaan op reis!' En dan vlogen we businessclass naar Hôtel du Cap-Eden-Roc, het duurste hotel van de Côte d'Azur. Mijn hang naar glamour, dat was misschien wel de grootste reden dat ik aan hem bleef plakken. Het was allemaal heel impulsief, maar ook heel leuk."

Was hij erg verliefd op jou?

"Nee. Maar wel op het plaatje en op mijn bekendheid. Al ging hij demonstratief de krant lezen als ik op tv was. Dat was kennelijk toch niet goed voor zijn ego. Ik zie hem nog zitten, met die *Haagsche Courant* voor zijn porem."

Hoe ontstond er een relatie tussen jullie?

"Eigenlijk is het nooit een echte relatie geweest. Ik denk dat hij een soort nicht was."

Dat werd wel altijd over hem gezegd.

"En het zal best waar zijn. De seks met hem kon nooit normaal. Hij probeerde me altijd in de meest rare situaties te krijgen, met andere vrouwen erbij, vreselijk."

Jullie lagen nooit samen in bed?

"Dat is in al die jaren misschien drie keer gebeurd. En dan moest hij er nog heel veel moeite voor doen ook. Dat tastte mij nogal aan in mijn vrouwelijkheid."

Is seks belangrijk voor je?

"Nee. Ik ben niet zo van de seks. Ik vind seks binnen een relatie echt *overrated*. Het is zo'n gedoe. Heb ik eigenlijk altijd gevonden. Ik dacht meestal: *let's get it over with*, dan is dat gedeelte achter de rug. Dat was ook wel een dingetje tussen Carlo en mij. Ik vond het altijd zo onzinnig. En dan zei z'n moeder: 'Totdat-ie weer naar de hoeren gaat, dan ben je hem kwijt!' Zo ging dat in Italië, die weten alles van elkaar."

Had je het erg gevonden als hij dat had gedaan?

"Nou ja, uiteindelijk is het erop stukgelopen dat-ie aan een vriendin van mij zat, terwijl ik op Ibiza was. Dan ga je wraak nemen, hè. Dingen die je op die leeftijd doet. Daarom vind ik seks ook overschat. Want dan heeft de een het een keer met een ander gedaan en dan is-ie dus meer waard dan jij. Of zo."

Je hebt er zelf nooit heel erg van genoten?

"Nou nee, niet echt. Het was meer een instrument om te laten zien wie je bent of wat je waard bent – 'ik ben sexy'. Dat gezeur in een relatie over de seks die niet meer goed is – alsof je na veertien jaar de vonken nog moet voelen spatten; terwijl eigenlijk de manier waarop Antoine elke ochtend havermout voor me maakt nu veel belangrijker is. Ik vind het leuk dat Antoine zich er niet voor schaamt om met twee marmotten van honden aan een lijntje te lopen – eigenlijk vind ik dat aantrekkelijker dan wat verder ook."

Denkt hij er hetzelfde over als jij?

"Dat neem ik aan van wel, ja."

Daar praat je niet over, zoals met Carlo?

"Nee. Het is meer dat hij 's avonds de mandjes voor Bibi en Lulu opmaakt, dat-ie ervoor zorgt dat iedereen haar plekje heeft. Dáár gaat het bij ons om. 'Oh, kijk die hondjes eens lief zitten!' Heerlijk toch? Moet jij weer zo nodig over seks praten..."

Voor mannen was je een sekssymbool; dan krijgen ze eindelijk die Playmate in bed en dan houdt ze er niet van.

"Seks hoorde er nou eenmaal bij. Maar ik kan me niet herinneren dat ik het ooit helemaal te gek heb gevonden. Er komt sowieso altijd een dag dat je uitgesekst bent. En waar ga je het dan over hebben? Daarom ben ik zo blij dat Antoine en ik meteen gezamenlijke interesses hadden."

Is het dan niet vermoeiend om je hele leven als sekssymbool gezien te worden, terwijl je er zelf niet veel mee hebt?

"Nou ja; ik wilde het wél graag uitstralen. Omdat je wilt dat mensen jou sexy vinden. Maar de daad zelf is wat mij betreft redelijk vermoeiend. Aan de andere kant: ik heb geneukt en gedronken voor tien, hè. Want het hoorde erbij. Dan bleef er iemand slapen en dan werd er geneukt. Ja, lekker belangrijk. Maar tegenwoordig heb ik liever dat de witte was netjes gedaan is. Ik heb er vanochtend alweer drie wasjes doorheen gejaagd, hoor. Ik kom daarop, écht. Ik ga echt héél hard op een schone was met een lekker fris geurtje."

* * *

Den Haag, iets over elf in de ochtend. Patty Brard parkeert haar auto aan de rand van de stoep en stapt hoofdschuddend uit. Als ze komt aanlopen doet ze dat met een tred die even doet vermoeden dat iemand vanochtend stiekem een onzichtbare ijzeren bal aan haar enkel heeft vastgeklonken. Met frisse tegenzin en hangende schouders is ze na een kwart eeuw voor het eerst weer terug in de Javastraat, wat op zich al opmerkelijk is, omdat ze een halfuur eerder via WhatsApp nog een terugtrekkende beweging had gemaakt.

Patty 10:21
Eigenlijk wil ik natuurlijk alles afzeggen... kotsen en terug mijn bed in.

Maar kijk, hier is ze dan toch, voor een duik in een geschiedenis die ze liever compleet was vergeten. "Je hebt niks aan mij vandaag," zegt ze. "Ik ben nerveus. Ik heb vanochtend ruzie gemaakt met Antoine. Allemaal door de spanning. Dit is zinloos. Ik heb toch al gezegd dat ik alles van die tijd heb gewist uit mijn geheugen? Dat bedoelde ik letterlijk. Ik weet niks meer. Zelfs het huisnummer ben ik vergeten."

Desondanks sleept ze zich naar haar oude woning. Er is ogenschijnlijk niet veel veranderd aan het huis. Ook het tuinpad knispert nog net als vroeger. Alleen waar eerst een handgeschilderd bordje hing met 'Villa Priscilla' erop, is nu een schildje bevestigd. Daarop staat dat we op het punt staan een rijksmonument te betreden.

De ontvangst door gastheren Niek en Casper is hartelijk. Ze zijn inderdaad zo vriendelijk als tante Verlinde had voorspeld. De marmeren vloer in de hal is het eerste dat Patty herkent. Ze slaat een hand voor haar mond. Daarna nog een keer, in de erker waar ooit de vleugel van Eric Peute stond waarop hij zichzelf in Erroll Garner-stijl had leren spelen. Er trekt een rilling door haar lijf. Ze zegt dat ze de aanwezigheid van negatieve energie voelt en raadt de nieuwe bewoners aan alles nog eens goed schoon te maken.

Gelukkig is er eerst koffie.

Niek en Casper zijn globetrotters. Ze verbleven in verre buitenlanden toen Patty financieel ten onder ging en weten alleen in heel grote lijnen wat zich in dit huis heeft afgespeeld. Tussen kleine slokjes door praat Patty ze bij. Weer wordt ze dan kwaad. "Dat je van een kinderkamer een koffiekamer maakt, zodat mensen nog gezellig iets kunnen drinken voordat ze door mijn spullen gaan, daar kan ik ook nog steeds niet bij. Als je dat verzint, dan zit er in je hoofd iets niet goed. Net als dat je niet goed wijs bent wanneer je driehonderd gulden biedt voor een kapotte citruspers, alleen omdat-ie van Patty Brard is geweest. Ziek, dat is het woord."

Er volgt een uitgebreide rondleiding door het huis. De kasten en schuifdeuren in de woonkamer blijken nog precies hetzelfde en wekken een licht gevoel van déjà-vu op, maar de keuken is onherkenbaar en 'spuuglelijk' volgens Patty.

Op de eerste verdieping, waar ooit op die pijnlijke zaterdagmiddag een wildvreemde vrouw gillend van leedvermaak in haar lege bad lag, is nu een geheime kamer. "Na jou woonde de ambassadeur van de Verenigde Staten hier," zegt Niek. "De familie Bush heeft nog aan de eettafel beneden gedineerd. Bill en Hillary Clinton trouwens ook. Jouw oude badkamer werd een safe room, een beveiligde plek waar de ambassadeur zich in het landsbelang bij een eventuele aanslag moest terugtrekken."

"Had ik die toen ook maar gehad," zegt Patty. "Een safe room. Had een hoop ellende kunnen schelen."

De stemming is licht, lichter dan voorzien in elk geval, en er is hier nog ruimte voor grappen. Dat verandert wanneer ze de gang op gaat, richting het grote vertrek aan de voorkant van het huis, een plek die ze weifelend nadert. Op de drempel staat ze erbij zoals die keer in haar badpak op de hoge duikplank. Dit is de voormalige kamer van Peute, een plek waar vroeger op de gekste momenten de deur soms op slot ging en waarvan half Den Haag wist dat hij er de pakketjes coke in groten getale hield opgeborgen in de bovenste la van zijn glimmende bureau.

Peute was de klassieke, charmante oplichter: gedistingeerd uiterlijk, razendsnel met woorden, onwaarschijnlijk geestig en in staat zich net zo makkelijk met de Hells Angels van Amsterdam als met de geslaagde zakenjongens aan het Haagse Korte Voorhout te onderhouden. Hij dankte een groot deel van zijn populariteit aan z'n sterk ontwikkelde gevoel voor humor en de gewoonte om na elk bacchanaal met vrienden lachend de rekening op te pakken, te betalen en het bonnetje te verscheuren, want voor het bijhouden van een deugdelijke administratie had hij als bon vivant alleen maar minachting.

Peute en Patty kennen elkaar al geruime tijd wanneer ze een relatie krijgen, maar niet goed. Dat is ook moeilijk, want de selfmade zakenman is zijn leven lang één wandelend mysterie, een vat vol verhalen die hij virtuoos voor het voetlicht kan brengen, maar waarbij je nooit zeker weet waar de waarheid ophoudt en de fictie begint.

Peute kent de hele wereld, maar niemand kent hem. Hij is veel te vinden aan de Côte d'Azur, waar hij feest met Jan des Bouvrie, dineert met Herman Heinsbroek en borrelt met Harry Mens, maar ook op de Antillen en in het Zwitserse Lech, waar hij regelmatig skiënd kan worden aangetroffen naast Yab Yum-eigenaar Theo Heuft. Ook is hij dik met wijlen Willem Endstra, de man die bekend zal komen te staan als 'de bankier van de onderwereld', voordat hij in opdracht van Willem Holleeder wordt vermoord.

Maar dat is allemaal in Peute's goede tijd.

In zijn slechte tijd, kort na de breuk met Patty, nadat hij zowel zakelijk als privé failliet is gegaan en op slag niet langer bij de jetset hoort, wordt het al snel stil om hem heen en hoort jarenlang bijna niemand meer iets van hem. Pas later blijkt hij het merendeel van die tijd in Frankrijk te leven. De weinige keren dat hij daar nog in het nieuws komt, is het steeds vaker met alleen zijn initialen. Er gaan verhalen dat hij wordt gezocht in verband met valse paspoorten en nepcheques. Ook is er een waslijst van exquise restaurateurs en hoteliers, die allemaal claimen dat hun Nederlandse gast weliswaar heel charmant was geweest en dat ze erg met hem hadden gelachen, maar dat hij alleen nooit de rekening had betaald.

* * *

Vraag je je nog weleens af hoe het kan dat je niet zag wat Eric Peute allemaal uitspookte?

"Natuurlijk. Ik ben er zo ongelooflijk ingetuind. Hij kon het ook allemaal zó mooi vertellen. Dan zat-ie thuis te drinken met Reinout Oerlemans, gingen ze 'even' de stad in en kwam hij twee dagen later pas weer thuis. Maar omdat hij er dan zo'n goed verhaal bij had, geloofde ik hem gewoon. En zo deed hij dat bij iedereen. Anderen vonden ons ook de perfecte combinatie. Mijn vrienden duwden me zo ongeveer Amsterdam uit richting Wassenaar. 'Krijg je eindelijk wat je wilt!' zeiden ze. Een blad, en ook nog een leuk winkeltje erbij. Ook zij stonden een paar jaar later met hun oren te klapperen toen bleek wat er allemaal was gebeurd."

Wie waren de mensen die voor jou klaarstonden toen je failliet ging?

"Een paar vrienden. Joep en Rob, die me een auto gaven zodat ik Prisciel naar school kon blijven brengen, en die elke avond voor ons kookten. Evert Santegoeds, die me liet logeren in zijn boerderij in Limburg, terwijl al zijn collega's achter mij aan zaten en me niet konden vinden. Mary en Leontine Borsato die ons een flatje te leen gaven, met een oud zwart-wit tv'tje en nieuwe bedden erin. De vloerbedekking was gesponsord. Mensen klampten me op straat aan, wilden me zoenen en zeggen dat ik moest volhouden. Ik kreeg brieven van vreemden met een tientje erin, of het aanbod om de oude fiets van hun dochter te komen brengen voor Priscilla. Als ik over de Albert Cuyp-markt liep, was er altijd wel zo'n fijne Amsterdammer die vanachter zijn kraam riep: 'Hier Pat, neem deze rok mee voor die kleine van je. En dat spijkerjackie ook.' Zo schattig."

En je ouders?

"Eigenlijk hebben die me niet geholpen. Mijn zus Debby ook niet. Mijn vader en moeder snapten er niets van, hoe je voor 2,7 miljoen failliet kon gaan. Als mijn vader dingen lastig vond, zei-ie altijd dat we 'er maar eens een goed gesprek over moesten hebben'. Nou; dat was met mijn seksuele voorlichting nooit gebeurd, en nu met het faillissement ook niet. Ik heb nooit een gulden van ze gekregen. Terwijl mijn broertje, als nakomertje, intussen enorm door ze werd verwend. Een nieuwe auto, alles. Ik denk dat ze zich nooit helemaal hebben gerealiseerd hoe erg ik eraan toe was. Of ze hebben zich ervoor afgesloten."

Misschien schaamden ze zich?

"Dat weet ik niet. Van de curator moest ik een officieel adres hebben, anders zou ik in de bijstand komen. Die foto gunde ik hem en de roddelbladen écht niet. Dus heb ik me op het adres van mijn ouders laten inschrijven. En vervolgens moest ik het elke keer weer aan de curator voorleggen als ik in een straal van vijftien kilometer daarbuiten iets wilde doen. Omdat hij dan officieel zijn toestemming moest geven. In de praktijk was ik zelden in dat huis, maar had ik er wel mijn kleding opgehangen. Dat vond mijn moeder al heel crimineel, omdat ik er niet écht woonde. Wat nou als die man zou aanbellen? Daar werden ze hartstikke nerveus van. Ze waren allebei enorm van de regeltjes. Als ze me iets zouden geven, was dat verkapt inkomen. En dat mócht dus niet. Mijn vader was van het type dat de bonnetjes controleerde wanneer mijn moeder thuiskwam met de boodschappen."

Jij had destijds een Engels kindermeisje, Barbara Ball.

"Ik denk nog steeds dat Priscilla en ik het zonder haar niet hadden gered. Barbara bleef gewoon, zonder dat ze nog betaald kreeg. Ik heb haar inmiddels al op veel manieren proberen te vinden, maar ze is spoorloos. Ik zou haar dolgraag nog eens vreselijk willen bedanken voor alles wat ze voor ons heeft gedaan. En het liefst wil ik haar alsnog financieel vergoeden wat ze toen tekort is gekomen. Ik heb veel schoften op mijn weg gekend, maar ook mensen als Barbara Ball. Zeer fatsoenlijke mensen die er wél voor me waren."

Kreeg je ook professionele hulp?

"Ik ben in therapie gegaan bij Bobbie, die hoofd was van het Riagg. Als ik emotioneel werd, liet Bobbie me iets praktisch doen. Papieren opzoeken, of zoiets, waardoor de balans tussen ratio en gevoel herstelde. Die truc pas ik nog steeds toe, het helpt echt. Maar goed, ik was aan Bobbie gekomen via mijn dealer van toen, die ook al snel mijn vriendje werd. Die was heel lief voor me, maar tegelijkertijd ook heel slecht. Bobbie leerde me uiteindelijk om bij hem uit de buurt te blijven, en daarna ben ik zelf naar een haptonoom gegaan, Reinier van Dantzig, de man die ook intensief samenwerkte met Marco van Basten. Die pakte me bij mijn rug op alsof hij me aan een vleeshaak hing. 'Huil maar!' riep-ie dan. Uiteindelijk is hij degene geweest die tot me doordrong. Dankzij hem heb ik de overlevingsswitch kunnen maken. Ik moest afscheid nemen van de drank en de drugs en weer gaan werken. Bobbie heeft weleens gezegd dat hij, Reinier van Dantzig, degene is die uiteindelijk mijn leven heeft gered. Waarschijnlijk is dat ook zo.

Via Bert van der Veer kwam ik in contact met Willem

Herselman, die directeur was van productiemaatschappij Tenfold. Hij gaf me een baantje, waardoor er weer structuur en regelmaat in mijn leven kwam. Hij verwachtte me elke ochtend om negen uur op kantoor. Zo krabbelde ik een beetje op. Op een dag belde hij me, dat ik in het *Eigen Huis & Tuin*-huis aan de Stadionkade kon gaan wonen. 'Elke week verbouwen we er een kamer, dat nemen we op, en jij mag er op kosten van de zaak wonen.' Ik woonde dus eigenlijk in een studio. Daardoor is ook het idee ontstaan om de talkshow *Absolutely Patty* daar op te nemen. Want het moest een studio blijven, het mocht geen huis worden. Anders zou het verkapt inkomen zijn. De pay-off van het programma was: 'het enige programma waar ik voor thuis blijf'. En zo bleef het maar rock-'n-roll in mijn leven, want het was bij Tenfold wat drank en drugs betreft niet veel beter gesteld: ik werkte daar met types als Manuëla Kemp, die de hele dag door bloody mary's dronken. Maar goed, ik kwam daar ook Bert van der Veer tegen en hij gunde me de kans om het programma *Extreem* te gaan maken. De titelsong ervan werd geschreven door Henk Westbroek, ik ken 'm nog uit mijn hoofd.

Ik ga nog liever drie keer op een rij failliet
Dan dat ik nooit meer een risico neem
Liever dat iemand mijn uitglijder ziet
Dan dat ik nooit meer een risico neem
Want ik ga extreem

Dat programma werd een succes.
"Weer gaan werken heeft me enorm geholpen. Tot die tijd lag ik elke nacht wakker en dacht ik tegen de ochtend: verdomme, wordt het wéér licht? Ik zag het echt niet meer zitten. Maar gelukkig zijn er in mijn leven wel altijd mensen geweest die me *wake-up calls* gaven."
Hoe ging Priscilla met het faillissement om?
"Voor haar was het natuurlijk ook hartstikke moeilijk. Bij haar vader kon het geld niet op en kreeg ze een eigen creditcard, bij mij een diepvriespizza."
Steunde Carlo jou financieel niet?
"Toen ik failliet ging, waren wij officieel nog getrouwd. De curator heeft me zelfs aangespoord om Carlo de schuld in de schoenen te douwen. 'Dan ben je meteen van alles af,' zei hij. Maar dat was mijn eer te na. Toen Carlo en ik eenmaal waren gescheiden heeft hij me financieel een jaar ondersteund om me op weg te helpen, maar toen hij een nieuwe vrouw kreeg, was dat klaar."
En hoe was de relatie tussen Priscilla en Peute?
"In het begin vond ze het interessant dat we in zijn huis gingen wonen, waar het echt niet op kon. Maar Barbara Ball heeft haar er altijd voor afgeschermd. Die had misschien als een van de weinigen wel door wat er speelde. Ik heb laatst nog weer eens geluncht met Truusje; zij en ik deden samen die winkel. Wij waren de eerste die Wonderbra's verkochten, hadden de exclusiviteit op Tod's. En we deden onze stinkende best in die zaak. Op een zaterdagmiddag kwam Carmen

Rijkaard binnen, die dertien paar schoenen kocht. Wij verstopten dat geld dan, omdat er rekeningen betaald moesten worden. Maar vervolgens kwam Peute binnen als Truusje alleen was, en vroeg-ie: 'Waar ligt dat geld?' En dan nam hij alles weer mee. Of bestelde er meteen een berg sushi van. Truusje verwonderde zich er ook nog steeds over. 'Het heeft een paar centen gekost, maar we hebben wél gelachen,' zei ze. Ja, dat klopt. Maar doe je het nog een keer? Nou nee, dan ga ik voortaan liever naar een lachfilm."

Er zijn tijden geweest dat mensen de naam van Eric Peute in jouw bijzijn niet mochten uitspreken.

"Ja, maar uiteindelijk word je daar milder in en realiseer ik me nu natuurlijk ook wel dat die rechter destijds gelijk had. 'Is dit uw handtekening?' vroeg hij me. Ja, dat was mijn handtekening. Hoe je het ook wendt of keert, in alle serieusheid: ik ben er natuurlijk wel bij geweest. En ík heb die handtekening gezet. Omdat ik het maar wat leuk vond, om eindelijk iets op mijn naam te hebben staan. Een blad, een winkel. Alleen had ik er nooit over nagedacht dat je vervolgens óók met de schulden zou kunnen achterblijven."

* * *

En dan is het voorjaar 2007 en staat Eric Peute uitgerekend in een Franse juwelierszaak watertandend naar een te duur horloge te loeren, wanneer hij plotseling hoort hoe de deur op slot gaat en hij een paar handen op zijn schouders voelt.

Interpol. Twee agenten leiden hem onder zachte dwang de zaak uit. Het ene moment staat hij nog tussen de blinkende Rolexen, het volgende moment is hij zijn broekzakken aan het leeghalen op het politiebureau. Daar komt niet alleen zijn eigen paspoort tevoorschijn, maar blijkt hij ook nog twee andere, vervalste exemplaren in bezit te hebben. Ze staan merkwaardig genoeg op naam van Anton Dreesmann en Freddy Heineken, maar allemaal dragen ze Peute's pasfoto. Nog erger voor hem is dat de sleutel die in zijn jaszak wordt aangetroffen linea recta leidt naar de hotelkamer waar zijn laptop staat, en waarop Interpol tot in detail kan lezen hoe hij met vervalste papieren voor vier ton een Franse bank heeft opgelicht. Ook blijkt er een derde vals paspoort in bestelling te zijn. Deze staat op naam van Frits Philips.

Het is vervolgens een nogal ironische speling van het lot dat de man die vroeger de magnum flessen Moët & Chandon het liefst per krat liet aanslepen, uiteindelijk in het hart van de champagnestreek achter de tralies belandt. In de gevreesde gevangenis van Reims om precies te zijn, waar hij een stapelbed deelt met een ongewassen Roemeen die zegt voor creditcardfraude te zitten. "Als nummer 318 zat ik tussen tweehonderd idioten," zegt hij kort na zijn vrijlating tegen *Privé*-verslaggeefster Barbara Plugge, die hem in Reims is komen opzoeken voor een exclusief gesprek. "Ik was de enige zonder tattoo." Tegen haar geeft hij toe ook al tien maanden in Nederland achter de tralies te hebben gezeten wegens flessentrekkerij.

De jaren daarna duikt hij sporadisch weer op in Nederland. Hij wordt een tijdje in Amsterdam gesignaleerd met een van Willem Endstra's voormalige vriendinnen, Anita Schuts, en draagt volgens de roddelbladen soms zelfs de colberts van de vermoorde vastgoedhandelaar. Daarna keert hij terug naar Den Haag, waar hij in alle anonimiteit nog even hand-en-spandiensten verricht in een antiekzaak, voordat er plotseling een einde aan zijn leven komt – 68 jaar nog maar, als gevolg van een gescheurde aorta. Een paar dagen later wordt de man die bij leven zoveel kabaal maakte in alle stilte begraven in Den Haag, de stad waar hij een berg aan ongelooflijke verhalen en onbetaalde rekeningen achterlaat.

Patty is op Ibiza boodschappen aan het doen wanneer de dood van Peute openbaar wordt gemaakt. Ze leest het bij thuiskomst op de website van *De Telegraaf*. Even daarvoor is ze langs een groot reclamebord gereden. Op Instagram post ze er nog diezelfde middag een foto van. Het bord bestaat uit een lichtblauwe achtergrond, met daarop in dikke zwarte letters één zin: *Karma has no deadline.*

Aan de Javastraat trekken intussen grijze wolken langs het grote raam dat uitkijkt op het Russisch consulaat.

"Herken je nog iets in deze kamer?" vraagt Niek.

"Nee, niet echt," zegt Patty.

Ze draait zich om, keert eerst terug naar de aangrenzende slaapkamer, kijkt daar nog even rond, en gaat dan zwijgend de trap op, richting zolder. Hoe hoger ze in het monumentale pand komt, hoe stiller ze wordt, net zo lang tot we niet verder kunnen, en ze vlak onder het dak een tijdje sprakeloos rondkijkt in wat ooit de kinderkamer van haar dochter was.

Tot nu toe viel het mee, de terugkeer naar de plek uit haar nachtmerries. Ze moest even slikken toen ze een muurschildering herkende die ze ooit zelf had laten aanbrengen en ze schrok toen ze merkte hoezeer het haar in gedachten terugbracht naar een tijd die ze juist altijd had proberen te vergeten. Maar hier, op wat ooit de zolder van haar kind was, is het anders.

"Hier doet het wel pijn," zegt ze. "Hier voel ik me heel verdrietig worden."

* * *

Hoe lang hebben Priscilla en jij elkaar inmiddels niet gezien?

"Tien jaar."

Waarom niet?

"Ze is boos."

En wat verwijt ze je precies?

"Weet ik niet."

Kom op.

"Nee, echt niet."

Maar wat dénk je dan dat haar verwijt is?

"Dat ik Patty Brard ben."

* * *

De verstoorde relatie met haar dochter dient ook aan bod te komen in de theatershow die haar 65ste verjaardag moet markeren en waarvan Tijl Beckand en zijn team de productie op zich hebben genomen. Beckand noemt ze afwisselend 'een vakman', 'een professional' en 'een lieve kerel'. Dat is best opvallend, want in eerste instantie vond ze hem 'een eikel'. Hij was in haar ogen te druk, te cynisch, en maakte vooral te veel publiekelijke grapjes over haar gewicht, waarvan ze zelf ook wel wist dat het verontrustend gestaag richting de honderd kilo kroop. Maar voor grappen over haar omvang had ze Tijl Beckand niet nodig. Die maakte ze zelf wel, al was het maar uit zelfbescherming. Toen ze eens tijdens een uitzending van *Koffietijd* werd uitgeroepen tot 'Homomoeder van Nederland' en door Loretta Schrijver op plechtige wijze een grote sjerp kreeg omgehangen, zei ze, om iedereen voor te zijn: "Gelukkig; eindelijk iets dat past!"

De relatie met Tijl Beckand verbeterde aanzienlijk toen ze samen voor het televisieprogramma *Het Perfecte Plaatje* door RTL richting Midden-Amerika werden gestuurd. Naar de jungle van Costa Rica om precies te zijn, waar ze alsnog bevriend raakten, en waar het niet lang duurde voordat Patty haar nieuwe droom onthulde: een Joan Collins-achtige *one woman* theatershow.

Al tijdens de trip in Midden-Amerika werd een synopsis geschreven – werktitel: 'Uit de oude doos' – waarna vrijwel direct alle theaters werden bestookt met een ronkende tekst.

Iets wat eerst niet meer was dan een vaag idee in het hoofd van twee mensen die zich op een regenachtige middag in de Costa Ricaanse jungle hadden verveeld, begon zo steeds meer de contouren van een serieus project aan te nemen.

Dat kan ook, want Patty Brard is bij het nemen van beslissingen een daadkrachtig type. Ze houdt niet van treuzelen en heeft bovendien vaak nog wel meer te doen. Sinds haar zoveelste revival staat haar agenda zeven dagen per week van 's ochtends vroeg tot 's avonds laat ramvol afspraken. Of het nu is dankzij het vele overgewicht dat ze niet langer hoeft mee te zeulen, het afzweren van drank en drugs, of door iets anders, feit is dat haar nieuwe leven wordt gekenmerkt door een opvallend grote werklust en discipline.

Als ze bij Tijl Beckand in de woonkamer de eerste details van het theaterplan bespreekt, is het opvallend hoe snel ze beslissingen neemt, hoezeer ze zelf allang heeft nagedacht over de meeste details, maar ook: hoe makkelijk ze de zakelijke en financiële kant van het avontuur wederom aan anderen overlaat. Over wat er inhoudelijk straks wel en niet kan wanneer ze op de bühne gaat terugblikken op haar leven, is ze opvallend snel uitgepraat. "Alles moet aan bod komen," zegt ze dan, "Zelfs Luv'. Niet dat ik me daarop verheug, maar er zit niets anders op."

* * *

Eigenlijk deelde jij je hele leven al met de wereld voordat Facebook, Instagram en Twitter überhaupt bestonden.
"Ik heb social media uitgevonden ja, maar daar ben ik óók al niet rijk van geworden."
Het publiek kon van alles meegenieten. Je scheidingen, je faillissement, zelfs je ontlasting.
"Ik deel nu wel bewuster. Wat dat betreft is mijn reallifesoap *Patty's Posse* een leerschool geweest. Ik heb het toen volledig uit handen gegeven aan de producent, en die wilde goeie televisie maken. Maar of dat voor ons nou ook zo goed was?"
We zagen hoe jij met een wc-borstel het bad stond te schrobben.
"Dat was niet in scène gezet."
Waarom maak je een bad schoon met een wc-borstel?
"Waarom niet? Als ik nou effe geen andere borstel bij de hand heb? Een borstel is toch een borstel? Bovendien stond die wc-borstel verder de hele dag in de bleek, hoor."
Maar denk je nu weleens: 'sjonge, mensen hebben wel veel van me gezien'?
"Jawel, en daarom let ik nu beter op met wat ik post. Al gebeuren er tegenwoordig nog weinig gekke dingen in mijn leven. Maar mensen vinden het leuk om mij te zien met Antoine en de hondjes. Om me te horen vertellen over het afvallen, en te zien hoe ik een revival beleef. Bij anderen vraag ik me nu soms af: waaróm post je dit?' Mensen die vaak delen hoe gelukkig ze zijn, liggen meestal in scheiding. Vrouwen die sexy foto's posten? Dan weet je dat hun man vreemdgaat."

Zijn er programma's geweest waarvan je denkt: had ik ze maar nooit gedaan?

"Ik ben niet zo van de spijt. Ja, ik zat met een komkommer in mijn mond bij Uri Geller, maar dat liep nou eenmaal zo. En ik ben met mijn maat 44 in een badpak van een duikplank gesprongen. Als ik dat niet had gedaan, was ik nu misschien wel afgeschreven geweest."

En dat wij ervan konden meegenieten hoe jij klysma's onderging?

"Vind ik nog steeds top. De kliniek waar ik ze deed, had meteen een miljoen views op hun website. Ik begrijp nog steeds niet waarom het altijd weer over die klysma's moet gaan. Póép, wat is daar nou zo raar aan? Ik heb er veel mensen mee geholpen, hoor. 'Getver, een klysma!' riep iedereen, maar ze gingen vervolgens wel massaal hun darmen laten spoelen."

Wat vond Antoine ervan dat jij in badpak die duikplank af ging?

"Daar moest-ie vreselijk om lachen."

Maar je bent er ook nogal om bespot.

"Antoine is goed in het omdraaien van negativiteit. Dus dan zegt-ie: 'Laat een ander je dat eerst maar eens nadoen. Jíj staat daar wel gewoon.' Ik vind dat een uiting van ultieme liefde; om het fantastisch te vinden dat ik er het lef toe had, in plaats van zeggen: doe dat nou maar niet, schat."

Verbaast het je dat je behalve aan je klysma's ook nog steeds aan die duikplank wordt herinnerd?

"Ze zeggen altijd dat je zo goed bent als je laatste show,

maar dat is dus niet waar. Ik heb mooie interviews gemaakt met David Bowie, André Hazes, Herman Brood, maar daar hoor ik nooit iemand over. Het zijn die eeuwige klysma's, mijn spagaat op het ijs of de duikplank. Inmiddels zie ik die duikplank als de metafoor van mijn leven. Ik heb een beetje het Bart de Graaff-gevoel: de dood of de gladiolen. Ik wil mensen meegeven dat ze elke dag opnieuw in het diepe moeten springen. Soms klap je keihard op je gezicht, zoals ik meermalen heb gedaan, soms maak je juist een volmaakte zweefduik. Maar als je de sprong niet waagt, heb je sowieso niet geleefd."

* * *

Een paar maanden later, op Ibiza. Het Spaanse grind knispert onder haar banden wanneer Patty na een lange kronkelweg bij haar tweede woning arriveert, een witte villa op een berg, niet ver van zee.

"Welkom in ons huisje," zegt ze na het uitstappen met enig gevoel voor understatement en ze maakt een weids armgebaar dat niet alleen het huis zelf omvat, maar ook een reusachtige indianentent, een onafgebroken rij bomen op de bergtoppen die de villa omringen, het ruim bemeten zwembad en de zweem van Middellandse Zee die aan de kust boven de horizon trilt.

Antoine komt op zijn slippers naar buiten. Zijn haar zit nog in de war. Hij draagt een geruite pyjama, zó klassiek dat het bijna jammer is dat hij niet ook een slaapmuts opheeft. Het is halfeen 's middags. "Jullie hebben nog geluk," zegt Patty. "Normaal gesproken loopt hij hier naakt rond. Kan ook makkelijk hoor. Geen hond die je hier ziet."

Zelf zegt ze ook te genieten van de anonimiteit die ze op Ibiza ervaart, al is dat in haar geval natuurlijk altijd relatief. "Zij kan niet anoniem leven," zal Antoine daar later over zeggen. "Als Patty permanent op Ibiza zou wonen, kent binnen een jaar het hele eiland haar. Dat heeft zij gewoon. Het gaat vanzelf. Het zit in haar persoonlijkheid."

Wat misschien ook een rol speelt bij alle aandacht die haar ten deel valt, is dat ze de gewoonte heeft zich over het eiland te verplaatsen in een nogal opvallende Smart cabrio, uitbundig beplakt met panterprint, waarbij op zowel de motorkap als de beide portieren meer dan levensgroot een veelkleurige cartoon van haar eigen hoofd is aangebracht, en waar op de kofferbak in grote zilveren letters het woord 'Patmobile' de achterliggers tegemoet blinkt.

De Bolonka Zwetna's Bibi en Lulu worden begroet, geaaid, gekust, geknuffeld, gevoerd, verzorgd en daarna weer gekust. Ze spreekt tegen de hondjes alsof het baby's zijn en noemt zichzelf met een hoog stemmetje hun 'mama'. Vervolgens geeft ze een tour door het huis. Een bescheiden maar gezellige huiskamer, drie slaapkamers, een binnenplaats met houtoven, een dakterras met Marokkaans hemelbed, een badkamer en een levendige keuken. Flessen drank die al een tijdje staan te verstoffen en overal kaarsen, kussens, kleedjes.

Er is vers fruit, serviesgoed voor tachtig man en een keukenkastje volgestouwd met Liga's en powerbars voor de vrouw des huizes.

Buiten borrelt het zwembad, beneden is het kantoor van Antoine. Daar hangt een deel van Patty's oude showbizzgarderobe. Op dagen dat de ventilatie hier voluit draait, zijn de outfits die herinneren aan haar Luv'-tijd te herkennen aan de sliertjes die zachtjes meedeinen op de wind.

"Dit is maar een heel klein deel van wat het ooit was. De meeste spullen zijn verdwenen," zegt ze. "Nog jaren nadat Luv' was opgeheven kwamen er in de kroeg meisjes naar me toe, in witte leren jasjes met van die friemeltjes. 'Deze is nog van jou geweest,' zeiden ze dan. Ik checkte het altijd even en negen van de tien keer stond er inderdaad met viltstift een P. van Patty in het label. Die spullen waren allemaal afkomstig uit mijn faillissementsverkoop."

Er mag dan veel in rook zijn opgegaan sinds die vervloekte dag waarop al haar bezittingen onder de hamer gingen, er zijn ook dingen gespaard gebleven of direct door vrienden teruggekocht en weer aan de oude eigenaresse overhandigd. Behalve dan de elf gouden platen die wijlen Manfred Langer, toenmalig eigenaar van discotheek iT, voor 56.000 gulden aanschafte. Die zijn na zijn dood nooit meer in handen van Patty gekomen, terwijl het nog een hele toer was om ze te bemachtigen, omdat ook wijlen Willem Endstra namens Eric Peute aan het bieden was. De vastgoedmakelaar wilde een gouden plaat van Patty kopen om haar te treiteren en om

Peute eraan te herinneren nooit, maar dan ook nooit meer met een vrouw als Patty Brard in zee te gaan.

Ingelijst in het kantoor van Antoine hangen ook de sexy studiofoto's die een jaar of vijfendertig geleden van zijn huidige echtgenote werden gemaakt, toen zij nog een losbandig leven leidde in Los Angeles, en hijzelf een anonieme student aan de TU in Delft was, waar hij het fenomeen Patty Brard alleen kende van de televisie.

Zeventien jaar was hij toen hij de eerste aflevering van *Waldolala* zag, op 12 februari 1978, en fan werd van de acht jaar oudere Patty. Weer later bleef hij er zelfs speciaal voor thuis wanneer talkshow *Absolutely Patty* werd uitgezonden – vanuit het huis aan de Stadionkade waar hij later ook zijn intrek zou nemen.

Maar tegenwoordig kijkt hij vrijwel elke dag naar de *Playboy*-foto's van zijn vrouw, want ze hebben een prominente plek gekregen aan zijn muur. Verderop in het kantoor – een stuk minder prominent, bijna verstopt - staat een gigantische houten kerststal, waar de architect in zijn vrije uren graag aan werkt, het hele jaar door, ook als het straks in juli veertig graden is en kerst nog heel ver weg. Buiten staat bovendien een houten poezenhuisje dat hij heeft getimmerd voor de zwerfkatten uit de buurt, inclusief kleine ramen met gordijntjes er voor. "Láát hem," zegt Patty over de hobby's van haar echtgenoot, "hij doet er niemand kwaad mee."

* * *

Met hoeveel mannen heb jij het bed gedeeld voordat Antoine in je leven kwam, denk je?

"Geen idee. Het zijn er waarschijnlijk vijftig geweest, en honderdvijftig die zéggen dat ze het met mij hebben gedaan. En misschien ben ik er inmiddels wel twintig vergeten."

Herinner je je eerste keer nog?

"We waren met ons gezin en een paar andere Indische families op vakantie in Palamós. Mijn vriendinnetje Babs was vier jaar ouder en had het al gedaan. Zij vond dat ik het ook maar eens moest proberen."

Hoe oud was je?

"Veertien of vijftien. Het kwam er uiteindelijk van met een Zwitser die een paar jaar ouder was. Wat een drama. In zo'n krap tentje, en het werd een enorm bloedbad. Daarna heb ik het zeker een paar jaar niet gedaan."

Wie was de eerste man met wie je een relatie kreeg?

"Pieter Zijlstra uit Voorburg. Een heel knappe, leuke jongen die ik kende van het uitgaan in Den Haag. Het is een paar jaar heel gezellig geweest tussen ons, tot ik steeds meer in die showbizzwereld terecht kwam, waar hij niets mee had."

Ben jij weleens knetterverliefd geweest?

"In relaties ging het altijd zo dat ík bepaalde wanneer het over was, ík liet hen in de steek. Toen dat één keer andersom gebeurde, was ik er wel ondersteboven van. Michael Smit, hij is inmiddels overleden, was de eigenaar van alle Sissy-Boy-winkels. Voor mij was het helemaal nieuw dat een ánder opstapte. Dus dat vond ik wel lastig. Al weet ik niet of dat nou echt met verliefd zijn te maken had, of dat ik gewoon niet afgewezen wilde worden."

Evert Santegoeds vertelde dat je romantisch met die Michael naar Parijs ging, maar hij vervolgens alle rekeningen wilde splitten. 'Nou, dan haal je de zilveren bruiloft niet, hoor,' zei Santegoeds.

"Nou ja, die hebben we inderdaad niet gehaald, dat klopt, maar ik betwijfel of dat daaraan lag."

Ik vroeg me af of het wel bij jou past, om *head over heals* te zijn?

"Als ik er nu zo over nadenk, ben ik nog nooit écht verliefd geweest. Een man overkwam mij gewoon. Als-ie zijn best deed, bleef ik. En als hij even niet meer zijn best deed, ging ik weg. Best een arrogante manier van doen eigenlijk, maar ja, ik kon het me permitteren."

Hoe ging dat met Ron Brandsteder?

"Ik stond in de Wisseloord Studios, er kwam een gebronsde vent van twee meter binnen, in een leren jack. Buiten stond z'n bordeauxrode Triumph Spitfire. Toen dacht ik echt: Jezus, wat een kanjer. En hij was ook nog ontzettend grappig. Vervolgens hoorde ik die stem en toen wist ik: jij bent van mij."

En dat lukte?

"Dezelfde avond nog. Ik hoefde destijds maar met mijn vingers te knippen, hè. Ik ging ervanuit dat ze allemaal aan mijn voeten lagen en dat was ook zo."

Ron en jij zijn ook getrouwd geweest.

"Er zijn van die periodes in je leven die je meemaakt alsof je een vogel bent. Je vliegt er overheen, maar krijgt er eigenlijk heel weinig van mee. Dat het lijkt alsof het over iemand anders gaat. Geldt ook voor mijn huwelijk met Ron.

Maar goed, dat beruchte verhaal weet ik natuurlijk nog. Hoe ik terugkwam van een weekend Zuid-Frankrijk en onze woonboot niet in kon, omdat de deur op slot zat en er witte pumps op de trap stonden. Die dus niet van mij waren."

Wat maakte je nog meer mee?

"Als je doelt op dat maar aanhoudende gerucht over poepseks; dat is letterlijk en figuurlijk aan mijn neus voorbijgegaan."

Daar doelde ik niet op.

"Ik vind het toch heftig dat dat door Marc-Marie Huijbregts in *Ranking the Stars* weer aan mij werd gelinkt. Sinds een jaar of twee hoor ik dat verhaal met enige regelmaat terug. Maar denken mensen nou serieus dat ik zoiets...? Doe normaal!"

Dat is bij deze dan opgehelderd.

"Ja. Noem het gerust een ontlastende verklaring."

Precies.

"Maar goed, over Ron: Hij vond mij heel gezellig en wilde graag kinderen met me. Maar tegelijkertijd was ik helemaal zijn type niet. Hij viel op grote, blonde, struise vrouwen met dikke borsten. En hij trouwde een Indische krielkip. Ik weet nog hoe ik op de dag van ons huwelijk boven aan de trap stond in het huis van zijn ouders. 'Kan ik nog weg?' vroeg ik aan een vriend. Die vond dat ik dat niet kon maken. Dus daar ging ik naar beneden, in mijn Fong Leng-jurk, felrode lippen en een staart over mijn hoofd. Ik was wel helemaal dol op zijn ouders. Zat de hele dag bij mijn schoonmoeder die een paar huizen verderop woonde. Maar Ron vond ik toch eigenlijk een flapdrol. Hij was de hele dag met voetbal en plaatjes draaien bezig en vond dat ik me te druk maakte over van alles. Ja, da's makkelijk praten, als je vader zo rijk is dat je weet dat er sowieso miljoenen op je liggen te wachten."

Hoe lang zijn jullie getrouwd geweest?

"Een maand of acht, geloof ik. Maar die andere vrouwen bleven een constante factor. Hij kon het niet laten en ik probeerde het te deleten. Als iemand niet staat te trappelen om met je naar bed te gaan, denk je toch dat het aan jou ligt. Uiteindelijk is dat ook de reden geweest dat ik ja zei tegen *Playboy.* Om te laten zien dat ik wél vrouwelijk en sexy was. Ik wilde ook geen lingerie, ik wilde gewoon naakt. Ik denk dat veel vrouwen *Playboy* hebben gedaan als oppepper voor hun eigenwaarde. 'Dikke vinger, hier ben ik, ik durf dit.' Het was ook altijd een wedstrijd wie hoeveel kreeg. Ik geloof dat het bij mij 150.000 was, maar ik heb er nooit een gulden van gezien. Dat ging allemaal naar Carlo. Inmiddels had ik al een relatie met hem. Hij was totaal niet blij met mijn voornemen om naakt te poseren. Sterker nog: toen de Italiaanse *Playboy* mijn serie wilde kopen, heeft hij dat verhinderd."

Wat was in hemelsnaam de aantrekkingskracht van René Muthert, met wie je ook getrouwd bent geweest?

"Dat hij met een gitaar op bed ging zitten en liedjes voor me zong. Toen dacht ik ineens: *teeeering*. Ik ben heel erg van de muziek. Dus dan glij je op muzikanten. Ik vond hem zo'n mooie stem hebben en zo leuk met muziek bezig."

Jij hebt nooit de achternaam van een man aangenomen, toch?

"Nee. Ik kreeg wel op een gegeven moment drie belastingaanslagen thuis. Een op naam van Brard, een op Brard-Brandsteder en een Brard-Nasi. Vroeger werd er altijd geschreven 'Patty Brard, ex-Luv" of 'ex-Brandsteder'. Altijd moest erbij waar ik in had gezeten, of wie er in mij had gezeten. Tegenwoordig ben ik gewoon ik.

Antoine is de eerste die het prima vindt dat ik zijn achternaam niet aanneem. Carlo en Ron vonden dat wel een dingetje. Ego's, hè?"

* * *

De zon schijnt en er waait een heerlijk briesje over Ibiza. Hoewel dit eigenlijk het ideale huis is om niets te doen, moet er ook hier gewerkt worden. Daarom is Ruben van der Meer ingevlogen, de beoogd regisseur van Patty's theatershow, die nu aan de eettafel zit met Wilko Terwijn, een aan Coca-Cola Zero verslaafde comedian uit Amsterdam, die vanwege zijn constant opborrelende weetjes door zijn vrienden ook wel 'Wilkopedia' wordt genoemd. Ze logeren een week in huize Brard om aan het script voor de theatershow over haar leven te werken. En dat is nog een hele klus, want er is ontzettend veel gebeurd sinds Petula Louise Brard op haar negentiende de spotlights opzocht.

Veel van haar herinneringen zijn in de verdrukking geraakt en blijven gewild of ongewild onvindbaar in haar geheugen, maar gelukkig komen er soms, op de meest onverwachte momenten, toch wat flarden bovendrijven. Iemand begint bijvoorbeeld over Rome te praten en in een korte gedachteflits ziet ze zichzelf dan weer even tegenover Eros Ramazzotti zitten, babbelend in het Italiaans.

Ze kan hetzelfde hebben met Londen en de jongens van Duran Duran. Of met Saint-Tropez en Freddy Heineken. En wanneer ze Annie Leibovitz' beroemde foto van wijlen David Bowie ergens voorbij ziet komen, denkt ze niet alleen aan haar ontmoeting met de zanger, maar ook aan de wereldberoemde fotografe zelf, met wie ze ooit in Los Angeles uitgebreid aan de lunchtafel zat. "Eros Ramazzotti vond ik knap en goed en getalenteerd, maar bij elke vrouw die langsliep riep hij: 'Tering, wat een lekker wijf!' Ik vond dat een onaantrekkelijke eigenschap voor zo'n aantrekkelijke man. Maar Freddy Heineken was een lieve ouwe lobbes, met wie ik veel deelde. Een tijd lang ging ik minimaal een keer per week met hem en zijn twee vaste chaperonnes uit eten. Dat was een aparte ervaring. We mochten dan alleen een hoofdgerecht bestellen. Hijzelf at in hotel De L'Europe altijd kip-kerrie, met saus die uit een Knorr-zakje moest worden bereid. We lunchten ook weleens in zijn kantoor aan de Weteringschans 5, dat hij Het Pentagon noemde. Daar liet hij me dan zijn privé-uitvindingen zien: een zilveren theepot met automatisch draaiend lepeltje, of de stoelen van een KLM-vliegtuig anders opgesteld, zodat iedereen meer beenruimte had. We bespraken veel met elkaar. Ik denk dat ik een van de weinigen ben die zowel zijn chaperonnes als zijn vrouw kende. Hij kwam een keer met haar het Eurovisie Songfestival kijken, in mijn pied-à-terre aan de Prinsengracht, driehoog achter in Amsterdam. Het stuk Prinsengracht waar nummer 193 zich bevond stond vol met bewaking. Ik had geen idee.

Hij was een onvergetelijke man. Ik ben absoluut niet *starstruck*, maar wat ik nooit meer vergeet is dit: ik zit na de lunch in Het Pentagon in kleermakerszit op het bureau van Freddy. De telefoon gaat. Hij neemt op, knipoogt en zet de speaker aan. Ik hoor een wat bekakte vrouwenstem zeggen: 'Het zal je niet zijn ontgaan dat ik deze week jarig ben. De jongens en ik zouden het leuk vinden als je kwam eten, geen poespas, gewoon bij ons aan de keukentafel.' Toen herkende ik die stem pas. Koningin Beatrix. En 'de jongens' waren de prinsjes. 'Niks bijzonders hoor,' zei ze nog, 'de jongens mogen kiezen, dus het wordt waarschijnlijk spaghetti ofzo...'

Op dat bureau stond trouwens jarenlang een ingelijste polaroid van mij, topless, die hij ooit had gemaakt bij het zwembad van een gemeenschappelijke vriend in Saint-Jean-Cap-Ferrat. Dat is de enige andere blootfoto die er van mij bestaat, naast de foto's uit *Playboy*. Hij waarschuwde mij altijd: 'Laat je nooit op die manier fotograferen en schrijf nooit iets op, dan kun je later altijd ontkennen.'

Freddy was in alles een bijzondere man. De ochtend na Koninginnedag kwam hij me ophalen om te laten zien hoeveel lege blikjes Heineken er op de straten lagen. Zijn droom was dat alle straten van de wereld ooit zo groen zouden zijn, zei hij dan. Hij gedroeg zich soms merkwaardig. Ik stelde een keer een vriend aan hem voor, een vriend die Heineken-bier toevallig niet te zuipen vond. Die vriend had hem een mop verteld: 'Wat is de overeenkomst tussen neuken op een boot en een flesje Heineken? *Both are fucking close to water.*' Freddy reageerde niet, draaide zich om en vertelde de mop meteen door, maar maakte er in zijn versie wel Kronenbourg van.

Dat was allemaal in mijn rijke tijd, toen ik alleen maar haute couture en Alaïa droeg en Carlo in mij een ster zag die in Amerika richting een solocarrière moest worden gepusht. Het vervelende was alleen dat ik daar nog helemaal niet klaar voor was. Hij liet me drie singles opnemen en huurde daarvoor de beste studiomuzikanten van LA in. Billy Preston, die met de Beatles en de Stones opnam, speelde piano. En voor een duet mocht ik kiezen tussen Gino Vannelli of Eddie Kendricks. Toen zei ik heel stoer: 'Doe maar Kendricks.' Maar als de achtergrondzangeressen van Chaka Khan en Mr. Mister helemaal doorgesnoven de studio binnenkwamen om hun partijen in te zingen voor mijn plaat, durfde ik zelf mijn mond niet eens meer open te doen. Carlo zag Annie Leibovitz wel zitten als fotografe voor de albumhoes, en dat leek mij ook wel wat, dus zijn we met haar gaan lunchen. Maar toen ze een ton vroeg voor één foto, ging dat zelfs mij net iets te ver."

Zo werkt het geheugen van Patty Brard dus: uit zichzelf zal ze er nooit een beroep op doen, misschien omdat er ook te veel pijnlijke momenten op de loer liggen, maar er hoeft op televisie maar een film met Liza Minnelli te worden uitgezonden, of ze gaat in gedachten automatisch terug naar die avond in Monte Carlo, een paar levens geleden, toen ze een diner lang naast de ster zat en ze samen al proostend, lachend en roddelend de avond doorbrachten.

"Vanmorgen had ik het nog," zegt ze. "Ruben zette in de woonkamer Lionel Richie op. Toen dacht ik: ja, die ken ik ook. Ik weet nog dat ik in LA bij hem langsging en hij zijn Rolls-Royce in de tuin stond te wassen. Kwam ik binnen met het broertje van Sheila E. en ging-ie koffie voor ons zetten. Dat soort beelden schieten me dan te binnen. De gekste mensen komen soms in mijn hoofd voorbij."

Er worden notitieblokken en laptops tevoorschijn gehaald om het allemaal vast te leggen. Het is bijna halftwaalf, Wilkopedia begint aan zijn tweede literfles Coca-Cola Zero van de dag en daarna duurt het niet lang voordat het aan tafel gaat over datgene wat eind jaren zeventig als ontstekingsmechanisme fungeerde voor een lang en turbulent leven in de spotlights: de meidengroep Luv'.

* * *

Heb je nog weleens contact met Marga van Luv'?

"Nee."

Waarom niet?

"Helemaal geen behoefte aan."

* * *

Zoals dat gaat bij succesvolle popgroepen die met ruzie eindigen, hebben ook de hoofdrolspelers van Luv' al decennialang hun eigen waarheid over de gang van zaken binnen de groep. Het is een in de loop der jaren aangepaste, vervormde en handzame versie van de werkelijkheid, een samenraapsel van feiten en fictie, van meningen, impressies, herinneringen en onderlinge beeldvorming die zich in de hoofden van de dames heeft vastgezet met een hardnekkigheid waar niet meer tegen te vechten valt.

In de versie van Patty begint het allemaal wanneer producent Hans van Hemert thuis naar het Duitse tv-programma *Musik Laden* zit te kijken en plots een inval krijgt. Er moet een groep komen die bestaat uit drie knappe, zingende meiden: een met blond, een met donker en een met rood haar.

Hoewel Patty geen enkele noemenswaardige podiumervaring heeft, wordt ze van de ene op de andere dag door Van Hemert gepromoveerd tot zangeres. "Ik werkte eigenlijk bij een reclamebureau, als account-assistent voor merken als Colgate en Whiskas. Op een dag kwam daar Han Meijer binnen, de muziekmanager. Ik had toevallig net receptioniste-dienst. Hij zei: 'Jij hoort hier helemaal niet, joh. Met jouw uiterlijk moet je niet op een kantoor zitten.' Toen heeft hij Hans van Hemert, destijds platenproducer bij Phonogram, op mij gewezen. Ik kwam officieel bij hem als directiesecretaresse binnen, maar kon gelijk door naar de audities voor Luv'. Later is er nog een heel ding geweest over wie mij nou had ontdekt en wie de geestelijk vader van Luv' was, tot aan een rechtszaak toe. Han Meijer werd manager van de groep, maar werd er al vrij snel uit gedonderd omdat Pim ter Linden het overnam, de man van Ciska Peters. Meijer heeft later geclaimd dat hij de eigenaar was van Luv', Hans vond weer dat híj het was, maar mijn mening is dat Piet Souer, de arrangeur, zeker zo belangrijk was voor het succes van Luv'. Zonder Piet hadden de liedjes nooit zo geklonken als ze klinken. Onder het mom 'ik wil het beste voor de groep' had Marga intussen de naam Luv' laten vastleggen. Niet omdat ze het beste vóór de groep wilde, maar omdat ze het beste ván de groep wilde. Mensen met weinig talent zijn altijd uit op één ding: de macht die een ander toebehoort. Met die straatse slimheid op zak, compenseren ze vaak hun creatieve onkunde. Het is uiteindelijk de ondergang van de groep geworden. De grote Hans van Hemert was vergeten zich het belangrijkste toe te eigenen wat hij had: de naam Luv'. Afgetroefd door het blonde ijskastje van de groep, die iedereen erin luisde."

Met 'het blonde ijskastje' bedoelt ze Marga Scheide, een voormalig Miss Holland-deelneemster die in de jaren zeventig nog een tijdje door het leven ging als het gezicht van Bintje, een aardappelsoort. Ze is de blondine van het stel. Het drietal wordt gecompleteerd door José van de Wijdeven, die later José Andreoli en weer later José Hoebee zal heten, en die ondanks haar exotische achternamen gewoon afkomstig is uit het Brabantse Best. Ze past als bleu dorpsmeisje eigenlijk niet tussen de Randstedelijke andere twee en ze is ook helemaal niet rood, maar er moest nu eenmaal ook iemand tussen zitten die al eerder had opgetreden en in elk geval een béétje kon zingen.

De eerste single van het trio heet 'My Man' en komt uit in mei 1977. De tekst wordt regel voor regel ingezongen. Het gaat gedeeltelijk over de dood van een spoorwegman. Dat komt nogal slecht uit, want Nederland is dan net in de ban van de Molukse treinkaping bij De Punt. Op de radio wordt vanwege de gijzeling een aangepaste programmering gehanteerd, waardoor de plaat nauwelijks wordt gedraaid. 'My Man' blijft steken op plek twaalf in de Top 40. Er komt snel een opvolger, maar die haalt de lijst niet eens. Heel even lijkt Luv' alweer in de anonimiteit te verdwijnen.

De derde poging heet 'U.O.Me' (You Owe Me). Nederland moet overduidelijk nog wennen aan het fenomeen meidengroep. Er wordt in de pers uitgebreid aandacht besteed aan hun uiterlijk en aan de weinig aan de verbeelding overlatende manier waarop de dames hun microfoons voor de mond houden, maar over hun zangkwaliteiten wordt voornamelijk op schampere toon bericht. Zelfs in de kleinste krantenberichten sluipt vaak een spottende en soms zelfs denigrerende ondertoon door, zoals wanneer een optreden voorafgaand aan de eredivisiewedstrijd NEC-FC Den Haag wordt aangekondigd. De laatste zin van het artikel is dan: 'Het optreden begint kwart voor twee en ze hopen het een halfuur vol te houden.'

Ook worden ze in die begindagen bijna wekelijks beschuldigd van stiekem playbacken, terwijl ze in werkelijkheid juist hun ongetrainde stembanden aan flarden zingen in al die luidruchtige provinciale feestzalen waar ze hun eerste optredens verzorgen. Er spreekt allemaal weinig vertrouwen en waardering uit en het is vanaf het begin dan ook hard werken om daar verandering in aan te brengen.

Soms geven ze drie shows per avond, op drie verschillende plekken. Ze doen cafés aan, zelfs de allerkleinste, staan achter afgrijselijk piepende microfoons op personeelsavonden, laten zich met bier bekogelen of in hun billen knijpen op festivals in boerenschuren en vinden zichzelf elk weekend terug in de dampende achterafzaaltjes van dorpen waar ze eerder nog nooit van hadden gehoord. "Soms waren we helemaal naar de andere kant van het land gereden en stonden er twaalf mensen. We hebben ook weleens in Duitsland een hele tour gedaan. In een oranje busje met drie zakken drop en een chauffeur die ook het geluid verzorgde. En altijd was ik degene die er na afloop voor moest zorgen dat we werden betaald. Terwijl zo'n eigenaar dan negen van de tien keer zei: 'Ja, maar er was amper publiek!' Verschrikkelijk vond ik dat."

Het ergst van alles zijn de in alcohol ondergedompelde feestzalen op zaterdagavond in de Achterhoek, of net over de grens met België. Daar stapt Patty een keer halverwege een optreden half huilend en hoofdschuddend van het podium, nadat iemand op de eerste rij voortdurend met zijn ene hand een biljet van duizend Frank laat wapperen en met zijn andere hand masturbatiegebaren maakt.

* * *

Wat deed je voordat je tot Luv' toetrad?
"Oh, van alles, maar er gebeurden altijd gekke dingen. Ik werkte bijvoorbeeld een tijdje als freelance styliste via een uitzendbureau. Werd ik direct door filmproducent Dino de Laurentiis eruit gepikt om voor hem te komen werken in Zuid-Frankrijk. Die man heeft met Federico Fellini gewerkt, met Ingmar Bergman, Ridley Scott, Stephen King, heeft een Oscar gewonnen..."
Dus je zei ja?
"Meteen. Nog diezelfde middag kwam zijn dochter Raffaella aan. 'Spreek je je talen?' vroeg ze, 'want jij gaat mee naar de filmfestivals van Cannes en Milaan.' Opeens moest ik in Zuid-Frankrijk de pr gaan doen voor de remake van *King Kong*. Ik werd er aan de meest waanzinnige mensen voorge-

steld. De familie De Laurentiis liet me heel Zuid-Frankrijk zien. Zo van: kijk hoe leuk het leven hier is. Intussen had ik ook Hans van Hemert die aan me trok, voor Luv'. Toen moest ik kiezen. Ze wilden zó graag dat ik bij die groep kwam, dat ik uiteindelijk toch zwichtte. Maar daaruit is ook wel het gevoel voortgekomen dat je denkt dat alles je komt aanwaaien. Het gevoel dat de wereld altijd aan je voeten ligt. Pas later kom je erachter dat dat niet eeuwig zo blijft."

* * *

Patty heeft zich even snel omgekleed en draagt nu een broek met tijgerprint, sportschoenen en een grijze trui van El Tigre. Ze mag dan vanwege haar maagomleiding zelf nauwelijks nog eten, dat betekent niet dat ze haar smaak kwijt is. Koken voor anderen doet ze nog steeds graag, praten gelukkig ook, en dus serveert ze deze ochtend wafels met aardbeien en slagroom, begint daarna alvast aan de pastasaus voor vanmiddag, en haalt intussen herinneringen op aan de grote doorbraak van Luv'. Die doet zich eind jaren zeventig voor als een natuurverschijnsel: snel, hevig en onverwacht.

De VPRO zoekt dan een tune voor de nieuwe, experimentele tv-show *Het is weer zo laat*. Van Hemert biedt de dames van Luv' aan, als live openingsact. Dat blijkt een gouden greep. De groep is in een tijdsbestek van zes zondagavonden wereldberoemd in Nederland, niet in de laatste plaats dankzij alle ophef die rond het programma ontstaat, dat zich afspeelt in de ranzige nachtclub Waldolala, waar Dolf Brouwers poep- en piesgrappen maakt en waar tot afgrijzen van burgerlijk Nederland te pas en te onpas een blote borst door het beeld schiet.

In haar Spaanse keuken schudt Patty het hoofd wanneer ze terugdenkt aan die begindagen. Het lijkt eeuwen geleden. "José wilde helemaal niet in *Waldolala*, want die man van dat programma had het over neuken. En zij was een zangerés. Dat nam ze heel serieus. Daarom wilde ze ook niet op dansles; ze was tenslotte geen danseres. Voordeel daarvan was dat we de dansjes simpel hielden, waardoor iedereen ze kon meedoen. Het werd heel middelmatig en daarmee tegelijkertijd heel toegankelijk. Als ze het aan mij hadden overgelaten, was 't misschien heel anders gegaan. Maar nu werkte het, omdat heel Nederland moeiteloos kon inhaken. Wat uiteindelijk ook gebeurde."

Zonder het zelf te beseffen, ontketenen de drie een rage en groeien ze uit tot pioniers van een heel nieuw genre, dat met groepen als Dolly Dots, Babe, Doris D & The Pins, Maywood en nog ontelbaar veel andere meidengroepen navolging kreeg, maar waarvan geen van alle ooit zo succesvol zou worden als het origineel zelf. Binnen de kortste keren staan de bladen dan ook vol met wetenswaardigheden over de dames, die in hun begindagen in *De Telegraaf* nog worden omschreven als 'de meisjes', 'de schatjes', 'de schoonheden' of 'de sexy zangeresjes', maar al snel aan hun voornamen genoeg hebben: Patty, Marga en José.

Het *Algemeen Dagblad* reist in die begintijd een dagje met ze mee en beschrijft een optreden voor een gage van 3500 gulden. De echt grote doorbraak moet nog komen, maar dan al schetst de verslaggever het beeld van een hysterische tournee langs bloedhete zalen, en van een jonge Patty Brard die af en toe braakneigingen krijgt van vermoeidheid. De kop boven het artikel is: 'Optreden en alweer wegwezen'.

Het is dan de zomer van 1978. In Breda treden de dames op voor 20.000 uitzinnige fans. Er worden voor het eerst mensen onder de voet gelopen. En dan moet de grote klapper nog komen: 'Greatest Lover'. Het wordt hun eerste single die meer dan een miljoen keer verkoopt. Vanaf dat moment is Luv' officieel een hitgroep.

Er zijn bibberige beelden bewaard gebleven uit die tijd. Daarop zie je de drie in de meest krankzinnige kostuums de meest krankzinnige dansjes doen. Meestal dragen ze weinig, of heel weinig kleding. De seks ligt er in die jaren zo dik bovenop dat het nu, vier decennia verder, vooral een beroep doet op de lachspieren, maar destijds werkte het meer dan prima. Al snel is er in Nederland nauwelijks nog een bouwkeet of garage te vinden waar geen Luv'-poster uit de *Hitkrant*, *Popfoto* of *Mix* op het prikbord hangt.

Op Ibiza piept intussen onophoudelijk de telefoon. Vaak zijn het eindredacteuren van aanstaande tv-programma's die per app willen overleggen, of journalisten die een quote over het een of ander willen. Nu is het een bericht van radio-dj Rick

Romijn. Het is niet zijn eerste poging om een interviewtje met Patty te plannen. 'Laatste keer dat ik het probeer. Kunnen we vandaag bellen? Ja of nee?' schrijft hij.

Patty: "Wat is dit voor toon? Wat denkt deze man? Zo begin je toch geen app? Ik doe even pauze, hoor. Ik moet even lopen. Ik krijg ook pijn in mijn reet van dit stoeltje. Jullie vergeten dat ik geen billen meer heb. Ik zit al veel te lang met mijn botjes op die harde zitting."

Ze loopt naar de gang en verdwijnt in de badkamer. Even later maakt ze vanachter de deur roffelende geluiden. Dan roept ze: "Ja, het officiële moment is daar! Voor het eerst onder de 60 kilo!"

Vanuit de keuken klinkt applaus. Ruben van der Meer fluit tussen zijn tanden.

"59,6 om precies te zijn, 40 kilo eraf," zegt ze bij terugkeer. "Dat zijn twee volle koffers."

"Of een hele Sylvie Meis," zegt Wilko.

Daarna gaat hij online op zoek naar oude foto's en beelden van Luv'. "Wat denk je?" vraagt hij, terwijl hij de laptop naar Patty schuift, "geeft dit de onderlinge verhoudingen binnen de groep een beetje goed weer?" Hij draait het scherm, zodat iedereen kan meegenieten. Het is een foto van Marga Scheide met een cowboyhoed op. Breed lachend zet ze een speelgoedpistool tegen Patty's slaap.

"Ja," zegt Patty. "Perfect."

Er worden oude filmpjes opgezocht. Als vervolgens dankzij YouTube de tijden van Chiel Montagne weer even herleven, is de hoofdrolspeelster zelf van iedereen het minst geïnteresseerd. Al snel verdiept ze zich in haar telefoon. Voor de oude beelden die de anderen bekijken heeft ze nauwelijks aandacht. De flashbacks die ze af en toe wel meekrijgt lijken nauwelijks emotie op te wekken, of het moet een lichte gêne zijn. Ze heeft geen talent voor nostalgie. En zeker niet als het over Luv' gaat. "Toen Hans zei dat 'Greatest Lover' onze nieuwe single zou worden, dachten we alle drie: sodemieter, wat een vreselijk nummer. En, vooral: hoe gaan we dat aan onze vrienden vertellen? Ik wilde cool zijn, maar dit kon je nauwelijks nog cool noemen."

* * *

Wanneer je oude artikelen over Luv' leest, ontstaat het beeld dat jullie voortdurend oververmoeid waren. Overgeven in het vliegtuig, drie optredens per dag moeten doen, van land naar land trekken.

"Terwijl die Pim ter Linden thuis lekker een sigaar zat te roken, en Hans van Hemert met z'n whisky voor de open haard lag – en dan maar blijven volhouden dat ze niet begrepen waarom wij zo vaak ruzie hadden. Nou, misschien was het ook de vermoeidheid?

Anderhalf uur in een soort centrifuge van Groningen naar Zeeland rijden om daar vervolgens weer leuk te doen. Werd Marga in zo'n bezwete leren jurk van Carla V wakker en kregen we haar die hele jurk niet meer uit. Die jurken voelden op een gegeven moment aan alsof ze van karton waren. Dan was Marga weer in slaap gevallen en riep ze, als we ergens arriveerden: 'Niet nog een keer, toch? Niet nog een keer!?' 'Jawel, nóg een keer,' zei ik dan."

Wat veranderde er, toen jullie met 'My man' voor het eerst in de Top 40 kwamen?

"Vanaf dat moment kregen we 7500 gulden voor een optreden. Maar voor boekingen die al langer stonden, gold nog het oude tarief van 1500. Dus dat ging dan met een tegenzin! Zeker omdat die optredens meestal ook nog plaatsvonden in middelmatige feesttenten in afgelegen dorpen. Vreselijk was dat. Ineens word je een Europese wereldster en dan moet je toch nog naar die boerenschuur. Omdat dat al contractueel was vastgelegd. Dat is een beetje hoe Prisciel zich bij mij moet hebben gevoeld, na het faillissement. Dat je aan de ene kant de creditcard van je vader hebt, en aan de andere kant je moeder zonder een cent te makken. En je dus niet meer weet waar je bij hoort."

In hoeverre had de roem invloed op jullie?

"Je norm van normaal verandert heel snel. Mijn leven was één groot feest. Mijn vriendin Carla van der Vorst uit Den Haag maakte al onze Luv'-pakjes. Ik hielp haar slierten knippen. Jaren later noemde ze zichzelf ineens Carla V, dat vond ze chiquer. Maar voor mij bleef ze 'Sliert'.

We gingen vaak samen weekendjes naar Zuid-Frankrijk. Daar gebeurde altijd wel wat. Kwamen we in het vliegtuig Connie Breukhoven tegen. Haar haar in Bo Derek-vlechten en alleen een elastieken top aan. Zei ze: 'Hey, ik wil ook de showbusiness in, hoe moet ik dat doen?' Nou, als je er zó uitziet, heb je morgen een platendeal, antwoordde ik. En inderdaad: Connie werd opgehaald in een Rolls-Royce convertible, in een kleur die paste bij de kraaltjes van haar topje, en had de dag erna een contract. Ze is zo ongeveer op die vlucht beroemd geworden. Dezelfde avond gingen we nog met haar eten. Of zeg maar: met hen. Ik zie nog voor me hoe ze binnenkwamen, Connie en haar borsten.

De dag erna lagen Carla en ik te zonnen voor Hôtel Martinez in Cannes, kwam er een giga boot voorgevaren, waarop Connie met een megafoon *Shalalalila* stond te zingen. Het was destijds nog niet eens heel erg seks, drugs en rock-'n-roll, maar vooral heel impulsief. En met zo veel mogelijk champagne, dat dan weer wel."

* * *

In de loop van 1978 wordt Luv' ook buiten de landsgrenzen een hit. Dat begint met de verovering van België, daarna volgen West-Duitsland, Zwitserland, Oostenrijk en Frankrijk.

Het zijn andere tijden. Muziekzender MTV bestaat nog niet, van videoclips heeft nog nooit iemand gehoord. Wie zijn of haar plaatje wil promoten, zal er zelf op uit moeten. Luv' is populair bij de tv-makers, want wat zij doen is nieuw: een groep die alleen uit vrouwen bestaat, waarbij de fysieke verschijning minstens zo belangrijk is als de zangkwaliteiten, en die samen iets produceren wat al snel zal worden omschreven als de 'happy sound' van Luv'.

Wat volgt is een uitputtende tournee langs de studio's van allerlei Europese zenders en zendertjes. Daar treffen ze in de kleedkamer telkens dezelfde collega's aan. "Bijna altijd Abba en Boney M. Die gasten van Village People kwamen we ook constant tegen. En de Bee Gees. Marga is nog een tijdje met Andy Gibb geweest. Dan namen we soms even de afslag naar Parijs, waar hij twee etages in Hôtel George-V had afgehuurd. De eerste keer begon Marga op de gang van zijn suite al te krijsen. 'Help, er staat een man met een pistool voor de deur!' Maar dat was gewoon de bodyguard. En die kleine Andy Gibb zelf zat intussen binnen een berg coke weg te snuiven. Die berg was hoger dan hijzelf. De volgende dag gingen we in een stretched limo cadeautjes voor zijn kinderen kopen. Zo'n leven hadden we toen. Terwijl we ook allemaal iemand thuis hadden zitten.

Ik had toen ook een tijdje een Zwitser achter me aan. De music director van Udo Jürgens; Pepe Lienhard. Die schoof gewoon de gouden Rolexen onder mijn hoteldeur door. Of ik ze ook aannam? Nou ja, als ze er toch liggen..."

Na de doorbraak met 'Greatest Lover' gaat het opeens razendsnel met Luv'. De dames kunnen in eigen land niet meer normaal over straat. Bij evenementen rond de promotie van hun singles loopt het standaard uit de hand. Niet zelden moeten ze hun optreden voortijdig staken en worden ze door hun eigen beveiligingsteam ontzet. Met enige regelmaat verschijnt er wel ergens een foto van Patty, Marga en José die na een signeersessie half rennend een winkelcentrum ontvluchten, achtervolgd door een dolgedraaide horde schoolmeisjes. Zo ontstaat langzaam maar zeker de gedachte dat Nederland te klein aan het worden is voor Luv', en Europa eigenlijk ook.

De dagelijkse leiding van de groep is dan nog steeds in handen van producer Hans van Hemert en de kettingrokende manager Pim ter Linde. Zij hebben Luv' bij platenmaatschappij Phonogram weggekocht en denken inmiddels veel verder dan een optreden in *Toppop*. Zodra de groep wereldwijd succes krijgt, kan die voor een vermogen worden doorverkocht aan een internationaal platenlabel. Dat is het grote doel, en het lijkt haalbaar. Er komt een uitnodiging voor meerdere tv-optredens in Mexico, waarna het Che Guevara-syndroom de kop opsteekt: heel Zuid-Amerika veroveren, en daarna de rest van de wereld. Er worden alvast optredens in Japan en Rusland geboekt. Intussen zijn er binnen een paar maanden tijd in het buitenland anderhalf miljoen platen aan de man gebracht.

* * *

Beschrijf eens hoe jij Marga en José destijds zag?
"Marga heeft altijd gedaan alsof zíj Luv' was. Alsof het allemaal om haar draaide. Terwijl zij vocaal *by far* de slechtste was. Dat vond José ook, José zong liever met mij. Het euvel Luv' was vooral de strijd tussen Marga en Patty. En José is

daaraan onderdoor gegaan. Die kwam klem te zitten tussen ons. Intussen had Marga achter onze rug om de naam Luv' gedeponeerd. Daarmee dacht ze vervolgens ook de baas te kunnen spelen. Hans van Hemert kon zichzelf wel voor zijn kop slaan, hij zegt het nu nog: 'Uitgerekend de kilste van de drie is er met de naam vandoor gegaan.' Uitgerekend degene die niet was wat Luv' representeerde. Luv' stond voor gezellig, warm, gewone meiden. Maar Marga was een berekenende tante, altijd bezig met machtsspelletjes. En José stelde zich op als het eeuwige slachtoffer."

Is het ooit wél leuk geweest?

"Het is natuurlijk prettig om heel succesvol te zijn. Dus daar genoten we aanvankelijk wel van. We waren bijna elke dag op televisie, stonden wekelijks in alle kranten en bladen. Totdat je merkt dat er dingen achter je rug om gebeuren. Marga claimde ook dat zij de styling van Luv' deed, terwijl ik intussen naar Parijs vloog om alle outfits uit te zoeken. En vervolgens kregen we hoogoplopende ruzies over de dikte van onze schoudervullingen. Of over de Luv'-sweaters waarvan ik vond dat we die allemaal moesten dragen. Dat vond José dan weer lastige randverschijnselen, voor haar was alleen de zangkwaliteit belangrijk. Terwijl ik heel goed doorhad dat ons succes juist op die andere dingen was gebaseerd."

Keek je later weleens met jaloezie naar de Dolly Dots, waar alles wel koek en ei was?

"Geloof me nou: in elke groep, en zeker in elke groep vrouwen, krijg je afsplitsingen. De Dolly Dots mogen van mij blijven volhouden dat dat bij hen niet het geval was, maar neem van mij aan dat zij ook zo hun problemen hadden. Bijvoorbeeld met Angela Groothuizen, die zich altijd verheven heeft gevoeld boven de anderen, omdat zij wél iets kon. En die anderen waren dan weer beeldig om te zien. Alleen viel het gezeik bij hen kennelijk minder op dan bij ons."

Waarom zijn jullie er destijds eigenlijk niet rijk van geworden, terwijl Luv' toch zo'n enorm succes was?

"Omdat je van zo'n groepje niet snel écht rijk wordt. Dat geldt ook voor de Dolly Dots. Degenen die er wel rijk van worden, zijn de mensen die de liedjes schrijven. En je wordt rijk van optreden. Daarom wilde Hans van Hemert ook per se een deel van onze optredens claimen. Maar je denkt toch niet dat ik helemaal naar Tietjerksteradeel rijd om behalve de boeker nóg iemand te laten meedelen, die intussen gewoon thuis voor de open haard zit? Dus vanaf dat moment ben ik hem Hans van Hebberd gaan noemen."

Vonden jullie het optreden, afgezien van de feesttenten waar met bier werd gesmeten, wel leuk?

"Marga en José vonden het enig, ik niet. Nou ja: in de tijd dat we nog met Concordes werden rondgevlogen en het vooral om televisieoptredens in behaaglijke studio's ging, vond ik het prima. Maar in Duitsland van de ene tent naar de volgende, en intussen maar afwachten welk publiek er zou zitten en óf het wel vol zat: daar kon ik niet tegen. Nog steeds niet. Ik krijg nu al buikpijn als ik denk aan de theatertour: wat als het straks niet vol komt?"

* * *

Eind jaren zeventig hoeft Patty zich nooit zenuwachtig te maken over de vraag of de zalen wel vol komen. Ze verkopen als sterren, de dames van Luv', en zo worden ze ook behandeld. Ze worden soms op de luchthaven al gescheiden van elkaar en tot hun eigen verdriet allemaal in een aparte limousine geduwd. Vliegen doen ze steeds vaker in privéjets, niet zelden eentje waar heel groot het logo van Luv' op de staart van het toestel is geschilderd.

Patty: "Een van de weinige keren dat ik Marga op humor heb kunnen betrappen was toen we weer eens first class vlogen en er een baby onder het gordijntje door kwam kruipen. Met afschuw op haar gezicht riep ze toen: 'Hè, bah, een *economy baby*!'"

In die jaren doet Luv' soms in één etmaal vier landen aan en moet hen op de luchthaven worden ingefluisterd in welke stad ze nu weer zijn aanbeland. Het is een gekkenhuis aan het worden. Van 'Trojan Horse' worden in een dag 100.000 exemplaren verkocht en ze zijn in meer dan vijftig landen op de radio te horen. Bij aankomst in hotels wappert ter ere van hun komst negen van de tien keer de Nederlandse vlag, alsof de minister-president en zijn gevolg zijn aangekomen, in plaats van drie zangeressen met slierten aan hun jas.

Het grootste probleem met meidengroepen is dat ze uit meiden bestaan, zei Peter Koelewijn al eens. Het zou best kunnen dat hij daar gelijk in had. Ook bij Luv' komen met de roem onvermijdelijk de onderlinge irritaties. Steeds vaker ontstaat er een strijd om de aandacht en met enige regelmaat laat Patty doorschemeren dat ze het benauwd krijgt van het strenge regime waarbinnen de groep inmiddels dient te opereren.

"Het ging zoals het altijd gaat bij popgroepen: er ontstond onderlinge frictie, vooral doordat de een meer aandacht kreeg dan de ander. Ik werd vaker geïnterviewd, ik stond ook weleens alleen op de cover van een blaadje; dat gaf allemaal ergernis. Ik mocht steeds meer dingen niet doen van de anderen. Niet alleen interviews geven, niet alleen op de foto, niet meer alleen op tv, niet alleen een sponsorcontractje. Daarmee sloop er irritatie in de groep. Het stak dat ik was gevraagd voor de audities van Paul Verhoevens film *Spetters*. Ze gingen de covers tellen waar ik op stond en vonden dat ik te veel aan het woord was op het podium.

Het enige dat ik Marga en José moet nageven, is dat zij mij altijd strak hielden wat betreft imago. Zij zijn het type 'lekker veilig': allebei al 300 jaar hetzelfde kapsel. Terwijl ik als 14-jarige met een rode David Bowie-lok liep, omdat ik per se cool wilde zijn. Maar voor Luv' werkte het burgerlijke dat zij van nature hadden beter. Hoe dan ook: de verhoudingen verslechterden in hoog tempo. Pim ter Linde zag het gebeuren en stuurde ons nog voor een sensitivity training naar Sicilië, maar dat bleek al te laat."

Hans van Hemert zou het later in een tv-interview anders omschrijven: "De meisjes raakten op drift en gingen naast hun schoenen lopen." En: "Ik heb Patty zien veranderen van een dankbaar meisje in een lastige vedette met kuren."

De druk op Luv' neemt ook toe vanuit de media, omdat de dames ongewild de toorn hebben gewekt van roddelkoning Henk van der Meyden, dankzij een oplage van bijna 600.000 exemplaren van zijn gossipblad *Privé* veruit de machtigste man in showbizzland. Hij heeft lucht gekregen van de affaires die Patty en Marga met Henny Budie en John de Mol zouden hebben gehad in Spanje en weet vrijwel zeker dat hun huwelijken daardoor op springen staan, maar bij navraag – eerst bij het management, later bij de dames zelf – wordt hem verteld dat dit allemaal niet waar is. Probleem is alleen dat het allemaal wél waar is. En dat Van der Meyden daar uiteraard achter komt en vervolgens woedend terugslaat via een wekenlange campagne op de Privé-pagina van *De Telegraaf*, waar hij Carlo Nasi steevast Carlo Nassi noemt en boven de artikelen over Patty koppen zet als 'Romantiek en onschuld moet wijken voor smeerlapperij!'

En dan, als niet alleen de druk het hoogst is, maar ook op het absolute hoogtepunt van de roem – uitgerekend wanneer in Parijs op het hoofdkantoor van platenlabel Carrere een miljoenencontract klaarligt voor ondertekening, precies waar al die jaren op is gehoopt en naartoe is gewerkt – is Patty van de ene op de andere dag weg.

Verdwenen.

Of beter gezegd: gevlucht.

En lange tijd weet niemand waar ze is, zelfs Henk van der Meyden niet.

***

Waar was je?

"In Los Angeles. Carlo en ik woonden in Hidden Hills. Later zijn we verhuisd naar Pacific Palisades, tussen Malibu en Santa Monica. Ik weet nog dat Carlo vroeg waarom ik niet in LA kwam wonen. Ja, dacht ik, waarom ook niet? Mijn zus zei toen: 'Dan ga je voortaan je boodschappen in papieren zakken doen!' Vond ze romantisch, echt Amerikaans. En ik ook. Elke keer als ik die brown bag oppakte in de supermarkt, dacht ik: ja, *I'm living it*. Ging ik ook 's nachts boodschappen doen – vond ik zo te gek dat dat kon. Naar de Gelson's, in Santa Monica. Daar gingen alleen de sterren boodschappen doen – en ik. Het was natuurlijk een topleven. Maar ja, ook gewoon denken dat de hele wereld aan je voeten ligt. En die arme Carlo, die dat allemaal niet aankon. Ik was een draak voor die man. Een paar nachten per week danste ik in illegale clubs met allerlei Fransozen, de een nog knapper dan de ander. Hij zat dan thuis de memoires van Winston Churchill te lezen – en ik ging in minirok de deur uit."

Intussen stond heel Nederland op z'n kop: waar was Patty Brard gebleven? Kreeg je dat wel mee?

"Als we bij de familie van Carlo in Europa waren, werd mij

door het personeel bij het ontbijt de Nederlandse krant gebracht, dus dat kreeg ik wel mee, ja. Dan las ik dat ik 'm was gesmeerd, terwijl ik gewoon lekker met Carlo zat te lunchen in Monaco en Freddy Heineken binnenkwam met zo'n krant en vervolgens naar mij wees: 'Ik heb d'r gevonden, ik heb d'r gevonden!'"

Je zou zijn ingestort, werd er geschreven.

"Dat was natuurlijk het juridische verhaal. Ik kon het gedoe binnen die groep inderdaad niet meer aan, maar er werd me ook geadviseerd om dat nog wat extra aan te dikken. Zeggen dat je ergens geen zin meer in hebt, schiet niet op. De enige manier om zonder boetes of schadeclaims onder iets uit te komen, is door te zeggen dat je iets psychisch niet meer aankunt."

Hans van Hemert was woedend dat jij de benen had genomen.

"Hij neemt het me nog steeds kwalijk en dat begrijp ik wel. De belangen waren destijds zo groot. Hans had een royalty-contract gesloten met Carrere voor een paar miljoen, maar dat hing wel vast aan de samenstelling van de groep. Dus die is door mijn vlucht veel geld misgelopen. En heel boos geworden."

Hij voelde zich in de steek gelaten.

"Dat was ook zo. Maar ik kon die wijven gewoon niet meer aan. Toen we met Pim en Hans naar Sicilië moesten, zag ik daar zo tegenop dat we het bij Schiphol-Oost al goed hadden gemaakt. Maar ja, eenmaal terug, ging het na drie dagen alweer mis."

Jij had destijds een relatie met Hans van Hemert.

"Hans heeft relaties met iederéén gehad. Hij was hét menneke van 't Gooi, met z'n mooie krulharen. Al was-ie wel gewoon getrouwd, met een veel oudere vrouw. Maar zij nam hem niet zoveel kwalijk en Hans nam het niet zo nauw.

Veel later ben ik een andere groep begonnen, PattyCash, voor het programma *Extreem*, waarin ik wilde laten zien dat je binnen vijf dagen een meidengroep in elkaar kon zetten. Alle meiden die we toen selecteerden, hebben nog steeds een musicalcarrière. Carolina Dijkhuizen, Mindy Broeren. Destijds hebben ze één plaat gemaakt, 'Sisters in Love', en die werd door Hans geproduceerd. Toen hebben we nog een keer een *fling* gehad. Hans was gewoon een ouwe flirt. Maar als je de belangrijkste liefdes uit je leven op een rij moet zetten, hoort hij er zeker niet bij."

Hoe werd het vervolgens afgewikkeld, toen jij besloot uit Luv' te stappen?

"Ik heb afstand gedaan van royalty's, rechten, álles – als ik er maar uit mocht. Terwijl Marga en José tot op de dag van vandaag nog royalty's krijgen. Toen ik jaren later, in 2006, met het idee kwam om als *surprise act* weer samen op te treden tijdens de concerten van De Toppers, en de weg ernaartoe te laten volgen door een televisiecrew, heb ik dat zelf geproduceerd. En alle opbrengsten, ook uit het programma *Back in Luv'*, heb ik met hen gedeeld. Andersom doen zij dat dus niet met mij."

Waarom wilde je die comeback eigenlijk, na al die problemen tussen jullie?

"Dat weet ik niet meer zo precies. In elk geval werd me toen meteen weer duidelijk waarom het destijds was misgelopen."

Je kreeg uiteindelijk wel geld mee, toch, toen je stopte met Luv'?

"Een half miljoen gulden, ja. Die is op de grote hoop bij Carlo terechtgekomen. En ik zal er ongetwijfeld iets van hebben uitgegeven. Veel van die boybands of meidengroepen komen op een gegeven moment ook weer bij elkaar omdat dat het enige is wat ze kunnen. Daarom ben ik zo blij dat ik nu gewoon een tv-contract heb."

Heb je nog weleens contact met Marga of José?

"Ik trad een paar maanden geleden op in het Gelredome, tijdens een concert van Snollebollekes. Hij had me gevraagd 'Greatest Lover' te zingen. Kreeg ik meteen een appje van José, dat ik daar stond met hún liedje. En dat het met mijn carrière zonder Luv' nooit iets was geworden. Later heeft ze Rob Kemps bij de Albert Heijn in Best aangesproken. Haar zoon had vroeger met Rob gevoetbald en hij had er nu heel veel last van dat Rob mij boven José had verkozen voor dat Snollebollekes-concert. Dan denk ik echt: Wat kán het je schelen? Waarom zou je ermee zitten dat ik in 2019 nog voor 50.000 man optreed? Het was enig om te doen, maar zij weet ook hoe zoiets gaat: je rijdt er in de file naartoe, zit twee uur in de make-up, gaat op, doet even gek en drie-en-een-halve minuut later kun je weer de auto in, naar huis, om vervolgens twaalf uur in je bed bij te moeten komen."

En Marga?

"Ik kreeg vorige zomer een wat onduidelijke mail, die over een Luv'-concert in Miami ging. Ik geloof dat Marga sponsors zocht voor hun vliegtickets. Antoine had nog minutieus hun persfoto bestudeerd: Marga pontificaal in het midden, Ria Thielsch en Chimène van Oosterhout weggedrukt naar de zijkanten. Marga kan niet zonder die roem. Zowel zij als José gedragen zich nog steeds alsof ze de sterren uit 1978 zijn. Het is net de film *Sunset Boulevard.*"

Waar gaat die over?

"Over een actrice uit de jaren twintig die dertig jaar later denkt dat ze nog steeds een ster is. De butler schrijft haar brieven, die zogenaamd van fans komen. Die vrouw leeft volstrekt in een waanwereld. Nou; dat doen Marga en José ook."

Heeft dat optreden in Miami nog plaatsgevonden?

"Ik heb geen idee. Ik geloof dat het uiteindelijk om het opnemen van een single ging. Maar dat kun je tegenwoordig toch ook gewoon via de computer doen? Hele duetten zijn op die manier tot stand gekomen. Paul McCartney en Stevie Wonder hebben elkaar nooit in het echt gezien, toen ze samen iets opnamen voor 'Ebony & Ivory' – al is dat in het geval van Stevie Wonder misschien niet zo gek. Maar goed, dan zou Marga Scheide wél per se naar Miami moeten voor haar single? Weet je, als ik er zo over nadenk: laatst hoorde ik dat Marga Bult in de schuldsanering zit, Patricia Paay krijgt weleens boodschappengeld toegestopt van Gordon, José moet door Chimène van Oosterhout overeind worden gehouden en Connie Breukhoven is opgelicht door haar ex. Dus dan heb ik het toch nog niet zo héél slecht gedaan, vind je wel?"

* * *

Patty Brard is 25 jaar, bloedmooi en beroemd wanneer ze in 1980 bij een diner in Hilversum Carlo Nasi ontmoet, een Italiaans-Amerikaanse zakenman die werkzaam is in de muziekindustrie. Ze is dan officieel nog getrouwd met Ron Brandsteder.

Een dag later vliegt ze met Marga en José naar Mexico voor een serie optredens en Nasi besluit achter haar aan te vliegen. Daar woont hij de persconferentie van de dames bij. Wanneer een Mexicaanse journalist vraagt wie van de drie getrouwd is, antwoordt Patty: *"Me."*

Heel even denkt Nasi dat hij het niet goed heeft verstaan. Hij moet een ogenblik uit het veld geslagen zijn geweest, maar herpakt zich snel en in stijl. Op de terugweg naar Nederland vliegt Luv' businessclass met een gewone lijnvlucht, waarbij er enkele tussenstops moeten worden gemaakt. In de airport-lounge van elke stad waar ze landen, niet één uitgezonderd, staan dan honderd roze rozen. Met elke keer hetzelfde kaartje eraan: *voor Patty, van Carlo.*

Patty, bijna veertig jaar later: "Het was Bouquet-reeks en ik speelde daar de hoofdrol in. Ik genoot van die aandacht, ik denk dat iedere vrouw zoiets leuk zou vinden. Ik vond het in elk geval énig."

Carlo Nasi hoeft gelukkig ook niet op een boeketje meer of meer te kijken, als erfgenaam van het steenrijke Agnelli-geslacht, van wie godfather Gianni op dat moment zo ongeveer de onderkoning van Noord-Italië is.

"Ik wist wel dat er een familieband was met de Agnelli's, maar destijds bestond er nog geen Google, dus heel veel was me niet bekend. Hoe moest ik weten dat zijn familie alle Fiat-fabrieken in het hele land bezat? Ik zag een nette jongen, dat wel, maar hij hield zich in het begin erg van de arme, liet mij ook vaak betalen. Later in mijn leven raakte ik daar trouwens wel aan gewend, maar nu was dat nieuw voor mij. Lange tijd kon ik dus totaal niet vermoeden dat hij uit zo'n welvarende familie kwam."

Een van de eerste keren dat ze zicht op de werkelijkheid krijgt, is wanneer Carlo en zij een uitstapje maken naar Monaco, om daar de Formule 1-race te zien. Er was haar verteld dat ze zouden overnachten in 'het huisje van de familie' in Zuid-Frankrijk, waar al kort na landing de verwondering begint, wanneer de twee worden opgehaald door een blauwe stretched limo met witte linnen hoezen over de bekleding en een chauffeur met fluwelen handschoentjes aan. De tocht voert naar Cap-Martin, waar Patty een hand voor haar mond slaat bij het zien van het huis, een gigantische witte villa met de Middellandse Zee als achtergrond, en een nog diepere zucht slaakt wanneer ze hoort dat hier het bedienend personeel van de familie woont.

Het echte 'huisje van de familie' blijkt een villa zo groot

als een paleis, van kelder tot zolder gevuld met butlers, koks en huishoudsters en voor de gelegenheid aangevuld met een hele rits zussen en nichtjes die bij aankomst van Patty ter verwelkoming naar buiten komen, allemaal even beeldig en charmant, allemaal even exclusief gekleed.

Zelf draagt hun verbouwereerde nieuwe Nederlandse schoonzus een spijkerbroek met Spaanse laarzen en een geel badstof colbertje. Wanneer een bediende haar koffer overneemt om deze het huis in te dragen, krijgt ze bijna een rolberoerte bij het idee dat iemand de rest van haar reisgarderobe zou kunnen zien. "Maar zo ging dat daar. Als je je koffer neerzette, kwam er meteen iemand aangerend. Ik moet bekennen dat ik daar vrij snel aan wende, dus later nam ik weleens de vuile was mee vanuit Nederland. En vervolgens ging die weer helemaal gesteven en gestreken, alles in vloeipapier en vervolgens in een plastic zakje verpakt, terug je koffer in. Alsof het net uit de schappen kwam."

Maar dat weet ze nog allemaal niet, tijdens dat eerste bezoek in Zuid-Frankrijk. Er is die avond speciaal voor haar een diner aangericht. Butlers lopen af en aan, aan tafel spreekt iedereen alleen maar Italiaans en het hoofdgerecht blijkt te bestaan uit een gigantische vis waarbij het siervuurwerk bij binnenkomst uit zijn bek slaat en waarvan wordt verwacht dat Patty hem als eerste aansnijdt. Ze heeft geen idee hoe dat moet. En het ergste moet dan nog komen: het dessert. Dat blijkt tot haar verbazing te bestaat uit een levensechte afdruk van haar eigen billen, in romige melkchocolade gevat.

Speciaal cadeautje van Carlo. Het zweet loopt haar inmiddels over de rug en het liefst zou ze onder tafel verdwijnen, nu ze zich realiseert terecht te zijn gekomen in de wereld van oud geld, waar ongeschreven wetten en codes gelden, in een gemeenschap vol stokoude Italiaanse tradities waar zij geen weet van heeft en waarbij veel, zo niet alles, gaat om het slaan van een goed figuur.

* * *

Wat is oud geld?
"Oud geld is heel raar. Kerst en oud en nieuw vierde de familie bijvoorbeeld standaard thuis, maar dan zaten ze wel allemaal volledig in de haute couture. Dat vond ik best gek, je helemaal opdoffen als je gewoon thuis zit. En dan ook nog twee keer per dag verkleden. Zat ik daar helemaal uitgedost aan overdadig gedekte tafels, terwijl ik het liefst in joggingbroek in de keuken zat, bij het personeel. Die waren dol met mij. Eigenlijk waren de familieleden van Carlo ook dol met mij, maar ik bleef iemand van buitenaf."
Hoe merkte je dat?
"Bijvoorbeeld doordat Carlo's moeder zei dat er familiezaken moesten worden besproken, en of ik dan even de baby eten kon gaan geven. Dan moet je niet bij mij zijn; op zulke momenten kookte ik van woede. Of dat ze me er altijd op wees dat ik wel mijn handen en voeten moest laten doen. Daar heb ik een tic aan overgehouden; ik móét altijd helemaal

verzorgd zijn – dat heb ik echt van haar. Je voelde je altijd bekeken in die familie. En dat trok ik niet. Toen Prisciel geboren werd, kwam meneer Gianni Agnelli *himself* met zijn jacht voorvaren in Roquebrune-Cap-Martin, waar we een deel van het jaar verbleven, en dan moest ík naar zijn boot komen omdat hij mij wilde feliciteren. Dacht ik: wacht effe, ik zit hier met een baby, is het niet handiger als jij naar mij komt? Maar nee, dat zijn dus de ongeschreven regels binnen dat soort families."

* * *

Op Ibiza begint het warm te worden. Antoine gaat buiten bij de tipi de tafel dekken voor de lunch. Binnen probeert Patty herinneringen op te halen aan haar jeugd. Dat valt nog niet mee.

Ze was elf jaar toen ze als meisje uit Papoea-Nieuw-Guinea van de ene op de andere dag in Rijswijk kwam wonen. Thuis, in de Luitstraat, goot ze soms een fles Glorix in bad leeg en ging er dan een tijdje in zitten weken, in de hoop zo een lichtere huidskleur te krijgen. Het hielp niet. Jarenlang bleef ze het enige donkere kindje op de schoolfoto.

Een probleem werd het nooit, want ook al op heel jonge leeftijd bleek ze de gave te bezitten zich razendsnel aan te passen aan haar omgeving. "Met racisme en discriminatie heb ik in mijn leven weinig te maken gehad. Ook als kind niet of nauwelijks. Ik had dan wel een andere kleur dan de rest, maar toch was ik het poppetje van de klas. Toen ik in Nederland kwam, woog ik 27 kilo. Iedereen vond me te mager, dus namen ze eten voor me mee. De schoolarts dacht dat ik ondervoed was, zo'n spillepoot was ik, maar ik vrat gewoon niet.

Van racisme heb ik ook de rest van mijn leven weinig gemerkt. Zelf wilde ik vanaf heel jong al graag bij de Nederlanders horen. Bij mijn opa in Nederland waren er televisie en aardappels, dus idealiseerde ik Nederland. Ik weigerde ook Indisch te eten; ik was tenslotte Nederlands. Dat voelde waarschijnlijk veilig. In Sorong hadden wij Papoea's met lendenlapjes in de tuin staan, loerend naar ons. Ze wilden een baantje, of zien wat die vreemde Hollanders daar in godsnaam zaten te doen. Misschien dat ik daarom het gevoel kreeg dat ik hoorde bij het slag mensen van waar mijn opa woonde, en niet bij die Papoea's uit de tuin. Een keer in de drie maanden kwam er een boot uit Holland, met een nieuwe lading chocolademelk. Daar keek ik naar uit. Ik werd in Nieuw-Guinea uitbesteed, om me aan het eten te krijgen. Want vreemde ogen dwingen. Moest ik me melden bij tante Wil Snel. Ik heb een trauma aan haar overgehouden, die struise Hollandse vrouw. Ik vond eten ook *overrated*. Mijn moeder zat uren naast me om me stukjes brood te voeren. Als ze een seconde niet keek, ging het naar de hond. Later, in Holland, had mijn moeder zelfs een aparte keuken waar ze Indisch kookte – zodat de rest van het huis er niet naar rook.

Achteraf bezien was ik al vrij vroeg een verwend krengetje.

Ondeugend ook. Ze brachten me naar school, ik ging naar binnen en liep er aan de achterkant net zo snel weer uit. Ik was wild. Nam als kind per ongeluk een paar slokken uit een fles jenever en moest meteen naar de huisarts. Ik brak ook alles wat je breken kan. Verder weet ik niet veel meer van mijn jongste jeugd. Er zijn ook nauwelijks nog tastbare herinneringen aan die tijd. Ik had niet eens een geboortekaartje. Nadat ik ter wereld was gekomen, maakte de dokter gewoon een rondje per fiets over het eiland en riep overal: 'Brard heeft een dochter gekregen! Brard heeft een dochter gekregen!' Dat was het. Mijn allereerste aankondiging. Toen wist iedereen dat ik bestond."

Foto's om haar geheugen een zetje te geven, zijn er ook bijna niet meer. Net als de meeste andere tastbare herinneringen aan haar eigen verleden, zijn de fotoalbums stuk voor stuk geveild tijdens de openbare verkoop van haar bezittingen. Er moeten in Nederland meerdere mensen wonen die albums vol vakantie- en jeugdfoto's van Patty Brard in hun kast hebben staan.

Klasgenoten van heel vroeger herinneren zich haar als een timide meisje, verlegen bijna, maar die van de middelbare school schetsen juist het beeld van een zelfverzekerde branieschopper. Ergens tussendoor moet de eerste van haar vele transformaties hebben plaatsgevonden.

"Dat kwam doordat ik van een klein schattig meisje plotseling tiener werd, en later puber. Ik merkte voor het eerst dat ik veel aandacht trok. Ik werd me bewust van mijn uiterlijk en hoe daarop werd gereageerd. Ik kreeg ook andere interesses. Mode. Popmuziek. Q65. The Motions. Maar ik was vooral helemaal gek van The Earring. Die reisde ik als een halve groupie overal achterna. Soms mocht ik de bas van Rinus Gerritsen aangeven, dan was ik een week van slag. Later heb ik al die jongens natuurlijk goed leren kennen, maar toen was ik veertien jaar, toupeerde ik in de kelder stiekem mijn haar, jatte de brommer van mijn zus Debby en ging op stap om hen ergens te horen spelen.

Ik begon ook stiekem te roken. Wanneer mijn ouders visite hadden gehad, ging ik kijken of er nog een paar peuken lagen die ik kon oproken. Ik was stout, maar vooral omdat ik graag ouder wilde lijken dan ik was. Mijn vader probeerde me strak te houden, maar dat ging niet. Hij stond me een keer 's nachts op te wachten nadat ik weer stiekem naar een concert was geweest. Woedend was hij. 'Wáár kom jij vandaan en wát heb je gedaan?' schreeuwde hij. Toen krijste ik terug: 'Ik heb de hele avond in de bosjes liggen neuken! Nou goed?' Dat was helemaal niet waar, van die bosjes niet en van dat neuken al helemaal niet, maar ik kon er niet meer tegen om zo gecontroleerd te worden. Dat is ook de enige keer in zijn hele leven dat hij me een klap heeft gegeven trouwens. Wacht even, telefoon... O, deze móet ik even nemen."

Het is een vriendin van het eiland. Patty heeft haar een paar dagen eerder het adres van haar favoriete arts gegeven.

"Hi girlfriend!"

...

"Ja, schat, lieverd, hoe was het bij dokter Marja? Vertel eens, popje, wat heb je allemaal laten doen?"

...

"Álles? O, goed zo! Héél goed van je."

...

"Ik zei het toch? Zij is top. Ik ga vanmiddag ook weer."

...

"Is toch heerlijk schat, even lekker alles fris? Ik ben trots op je hoor, lieverd."

En dan, wanneer er is opgehangen:
"Weet je, ik ben klaar met dat gelul over vroeger. Zullen we lekker buiten de tafel gaan dekken?"

* * *

Weet jij nog welke behandelingen je zelf allemaal hebt ondergaan?
"Tegenwoordig neem ik om de zoveel tijd een celtherapietje. Dat is goed voor je huid, hormoonsysteem en gewrichten. En als je het effe helemaal niet meer weet, kan ik je een reset in Freezlab aanraden. Even een kwartiertje in min 40 staan en het voelt alsof je drie uur koud hebt gedoucht. Heerlijk fris."
Je zou ook gewoon even koud kunnen gaan douchen...
"Alles kan schat, maar hiermee sta je binnen de kortste ke-

ren weer buiten. Weet je hoe lekker dat is?"

Dan zijn er nog dokter Marja op Ibiza en dokter Kingma in Amsterdam.

"Minimaal één keer per maand krijg ik van hen een injectie met allerlei vitaminen, mineralen, detox en NRA – ook een soort celtherapie. Doordat ze de magnesium rechtstreeks in je bloedvaten spuiten, gaat je hele lichaam tintelen. Ik weet nog dat we op Ibiza met een groep voetbalvrouwen naar het WK 2014 keken. Dokter Marja kwam langs om iedereen even lekker een injectie te geven; alle vrouwen kregen er een tintelende doos van, behalve Estelle. Die voelde niks. Ik had er zelf een keer een hete anus door. Dacht ik toch heel even dat ik in mijn broek zat te kakken naast dokter Marja."

Aha...

"Ik doe trouwens ook ozontherapie; heel goed voor je immuunsysteem. Je gaat er verkouden in, neemt intraveneus zo'n flesje en komt er helder weer uit. Ongelooflijk. Dat doe ik één keer per maand, ook omdat mijn lichaam door de gastric bypass niet alle stoffen opneemt die het nodig heeft."

En qua injecties?

"Ik zweer nu bij Profhilo van kliniek ClausHoltz. Op basis van hyaluronzuur: wat normaal in een crème zit, doen ze daar in een spuit. Het gaat in mijn kaaklijn en hals, ze noemen het *the natural photoshop*. Ik doe er nog wel botox bij en ik verdenk Rogier ervan dat hij er ook een fillertje aan toevoegt, maar het is niet normaal hoe goed dat werkt. Er komen daar nu al mensen die zeggen: 'Ik wil het pand verlaten zoals Patty eruitziet, dus spuit maar.'"

Je tanden zijn ook erg wit.

"Vind je? Ze konden nog drie tinten lichter. Sorry hoor, dit zijn echt geen Gerard Joling-tanden."

Waar heeft hij eigenlijk zijn tanden laten doen?

"Bij de Blokker? Het lijken net Lego-blokjes. Zelf rijd ik voor mijn tanden naar Richard Kleinsman in Duitsland. Half Hilversum heeft daar z'n gebit vandaan."

Verder nog iets?

"Af en toe een fillertje in de lijn bij mijn neusvleugel. En ik heb één hanglip, die wordt regelmatig bijgespoten. O ja: het nieuwste van het nieuwste is Emsculpt, bij KNAP Institute in Amsterdam. Kost een vermogen, maar een sessie van een kwartier staat gelijk aan 20.000 sit-ups en squats. *Work out without working out* noemen ze het daar. Dat klinkt te mooi om waar te zijn en dat was het ook, want het werkt niet. Ik heb wel mijn gezicht door hen laten aanpakken, met een vreselijk duur merk: QMS. Dat belooft jeugdigheid zonder injectienaalden. En binnenkort neem ik ook nog even een fruitzuurpeeling. De vellen hangen er wel een week van aan je gezicht, maar daarna ben ik weer zo goed als nieuw. En o ja, ik doe nu ook de bindweefselmassages van Alizonne, het dieet waarmee heel veel BN'ers, van Richard Groenendijk tot Edsilia Rombley, zo zijn afgevallen. Even zo'n LPG-kuurtje en je buik is weer strak."

Dokter Marja is even oud als jij, heeft niets aan haar gezicht laten doen en ziet er geweldig uit.

"Maar je weet niet hoe zij overkomt op tv. Ik wil eruitzien zoals ik eruitzie. Overigens wel zonder snijden. Ik heb alleen een ooglidcorrectie laten doen, maar nooit een facelift. O ja, in mijn buik heb ik laten snijden voor een buikwandcorrectie. Vooral in de hoop dat ik dan meteen van mijn dikke buik af was, maar van zo'n ingreep kun je dus helemaal niet slanker worden. Je moet eerst afvallen voor je zoiets laat doen; dat had de dokter er wel even bij mogen vertellen."

En je borsten? Toen je in *Playboy* stond, had je nog een bescheiden cupmaat.

"Die heb ik nu weer. Een paar jaar geleden zijn de borstimplantaten eruit gehaald en heb ik de boel meteen laten liften."

Waarom had je ze ooit genomen?

"Ja, waarom? Omdat je gék bent op die leeftijd. Ik was slank en wilde er van die grote dingen op. Dat was toen mode. Maar je moet er allemaal niet aan meedoen, joh. Net als die getatoeëerde wenkbrauwen: op een dag kom je ervan terug. Ik ben blij dat ik van die tieten af ben. Ze passen ook niet meer bij mij. En ook niet bij mijn nieuwe leven."

* * *

Flarden uit het zoveelste nieuwe leven van Patty Brard, deel 1
Amstel Hotel, Amsterdam, interview RTL Boulevard

Het is december 2018, halftien in de ochtend. Over een uur dient Patty op de eerste verdieping van het Amstel Hotel live vragen te beantwoorden voor de website van tijdschrift *LINDA*. Daarom zit ze nu ter voorbereiding in de kleedkamer, met Conny, haar vriendin en vaste visagiste. De twee zijn na al die jaren op een slapstickachtige wijze op elkaar ingespeeld: ze maken elkaars zinnen af en wanneer Conny een vochtig wattenstaafje nodig heeft om wat overtollige mascara weg te werken, houdt ze deze Patty zwijgend voor, zoals een baasje doet met het bot van de hond, en wacht tot ze haar lippen tuit. Dan wriemelt ze het wattenstaafje Patty's mond binnen, die likt er geroutineerd aan en vervolgens kunnen ze aan de slag.

"We zijn samen een keer van Parijs naar Amsterdam gereden. En maar kwekken," zegt Conny over haar band met Patty. "Toen we thuiskwamen zetten we allebei onze koffer in de gang neer, pakten de telefoon en belden elkaar op om verder te kletsen. Wij zijn echt nooit uitgepraat."

Iemand heeft de redactie van *RTL Boulevard* getipt over deze afspraak, dus arriveert er in de hotellobby al snel ook een verslaggever voor een kort interview. Terwijl zijn cameraman alvast positie kiest, overlaadt hij Patty allereerst met complimenten. Over haar figuur, haar tv-optredens, haar gewicht, haar vlogs, haar kerstboom, nog een keer over haar gewicht, haar instagramfoto's, haar Televizier-toespraak, haar man en voor de zekerheid voor de derde keer over haar gewicht.

Daarna begint het interview.

Het gaat over kerstballen en meer van dat soort zaken, wanneer de verslaggever plotseling via een lange omweg aanbelandt bij de vraag waar hij eigenlijk voor is gekomen: of er toevallig misschien nog nieuws te melden is over de verstoorde relatie met haar dochter Priscilla? En of ze deze dagen nog extra veel aan haar denkt? Kerst is tenslotte de tijd van samenzijn met de familie en zo...?

Het gezicht van Patty verstart een fractie van een seconde. Ook is ze plotseling een stuk minder spraakzaam dan daarnet, toen het nog gewoon over haar kerstdecoratie ging.

"Weet je, daar zeg ik liever niks over."

Even later volgt de tweede poging. Ook deze levert niets op. Patty Brard moet een van de meest geïnterviewde BN'ers aller tijden zijn. De knipselmappen over haar beginnen in 1977 en hebben inmiddels een omvang die aan het standaardwerk van historicus dr. Loe de Jong doet denken. Er zijn weinig Nederlandse sterren die de dynamiek van publiciteit zo goed begrijpen als zij, dus trapt ze allang niet meer in de eerste de beste verslaggeversval – nog niet met haar ogen dicht.

"O, nu probeer je het op die manier," zegt ze schamper lachend tegen de jonge verslaggever. "Maar dat lukt je niet hoor, aap!"

Wanneer het interview voorbij is, vlak voordat Conny in de kleedkamer op het punt staat weer een wattenstaafje in haar mond te wurmen, zegt ze: "Ik praat niet meer op televisie over mijn dochter, omdat ik het gevoel heb dat zij dat niet prettig vindt. En dus niet omdat ik met kerst niet aan haar zou denken."

Ze tuit haar lippen.

"Wat een onzin."

Ze likt aan het wattenstaafje.

"Ik denk elke dag aan mijn kind."

* * *

'Priscilla's grootste probleem is dat ik Patty Brard ben,' zei je.

"Ja. En daar kan ik nou net niets aan veranderen. Bovendien was dat tegelijkertijd ook vaak níét het probleem. Als we leuk businessclass naar Curaçao vlogen bijvoorbeeld, en zij een vriendinnetje mee wilde nemen. Tegen anderen heeft ze gezegd dat ze veel moeite heeft gehad met de reallifesoaps over ons leven. Maar daar was ze alleen tegen als het haar uitkwam. In het begin heb ik mezelf nog wel verweten dat ik het heb gedaan, maar inmiddels denk ik daar anders over. We hebben er namelijk allemaal van geprofiteerd; we hadden er weer een lekker leventje door."

De dochter van Patricia Paay, Christina Curry, verweet haar ouders achteraf ook dat ze voor de camera's, dus terwijl heel Nederland kon meekijken, is opgegroeid.

"Priscilla was ouder dan Christina toen wij een reallifesoap hadden. En als je ziet hoe líéf Christina nu weer met haar moeder is, ook na die plasseksfilmpjes. Op zulke momenten denk ik echt: jezus, Prisciel, wat kan er nou zó erg zijn geweest dat jij dat dus niet kunt opbrengen?"

Nou?

"Er is nooit één allesbeslissend moment geweest. Ik herinner me wel dat ik heb gezegd hoe klaar ik was met haar gedrag. Het kan niet zo zijn dat je keer op keer financieel terugvalt op je moeder en verder overal schijt aan hebt. Bij Prisciel zit er ook een kop op, hè. Op een gegeven moment zei Antoine tegen mij: 'En nu móét ze volwassen worden.' Ik besloot dat ze dingen zelf moest leren oplossen en daar was ze beledigd over."

Hoe was de relatie tussen Priscilla en Antoine?

"Priscilla zei altijd over Antoine: 'Daar komt mijn moeder nog wel achter, dat is haar grootste fout.' Het ging bij Prisciel altijd over geld, dus ik denk dat zij bedoelde dat hij op mijn geld uit was. Maar hallo, wélk geld? Via mensen uit mijn omgeving hoorde ik hoe laatdunkend ze over mij sprak. 'Zit ze daar, in haar paleisje aan de Amstel.' Ineens ging ze met Gordon en Gerard om, mensen die ze alleen via mij kende. Dat is toch gek?"

Tegenwoordig kun je het leven van anderen gewoon volgen via social media.

"Zij heeft mij overal geblokkeerd, maar vrienden van me, zoals Gordon en anderen, kunnen haar Instagram-pagina wél zien. Ik denk dat ze hoopt dat ze mij via die mensen een inkijkje in haar leven kan geven."

En wat wil ze je dan laten zien, denk je?

"Dat het haar zelf lukt, dat ze mij niet nodig heeft, dat ze stoer is, en gelukkig. En weet je: ik vind dat natuurlijk prima, ik zou niets liever willen dan dat het goed met haar gaat en dat ze hartstikke gelukkig is."

Robert Halewijn, een goede vriend van je, vertelde dat hij ten tijde van het faillissement samen met Priscilla en Barbara Ball in het appartement van Leontien Borsato woonde. Jij ging verderop in Den Haag wonen, bij je toenmalige vriend.

"Het verdient inderdaad allemaal niet de schoonheidsprijs, nee."

Evert Santegoeds zei: 'De persoon Patty was altijd erg druk met de artiest Patty. Daardoor kwam Priscilla wel wat aandacht te kort.'

"Dat is ook zo. Ik was jong en druk met mezelf. Het klopt allemaal, maar moet je elkaar daardoor zoveel later echt tien jaar lang niet zien?"

Mis je het contact nog dagelijks of gaat zoiets wennen?

"Het erge is dat het went. Ik ben er zo lang ongelukkig door geweest, het zat jarenlang dag en nacht in mijn hoofd, maar inmiddels denk ik soms zelfs: ik heb geen zin meer in die onrust. Veel mensen zullen zich afvragen hoe je zo kunt denken over je eigen kind. Maar uiteindelijk is zij een volwassen vrouw. En als ze niet wil, dan dus niet."

Raken de goede herinneringen aan jullie verleden er ook door besmet?

"Ik herinner me bijna niets meer. Zo werkt dat kennelijk: als ik terugdenk aan hoe fijn het was, doet me dat te veel pijn."

Ik kan me voorstellen dat het ook lastig is om volledig van je huidige succes te genieten zolang dit speelt.

"Dat is ook zo. Ik ken niemand die zo gek is op kinderen als ikzelf, en juist ík heb geen contact met mijn bloedeigen dochter. Tegelijkertijd ben ik op het punt dat ik denk: nu moet je ophouden. *Get over it.* Ik blíjf niet hardop benoemen welke fouten ik heb gemaakt, en dat ik me dat heel goed realiseer, zonder dat zij inziet dat elk verhaal twee kanten kent. Ik was niet alleen maar een slechte moeder; zij was ook een heel lastig meisje. En ik heb haar nooit geslagen, hè. Sterker nog: ik heb haar gepamperd."

Bemoeit Carlo, Priscilla's vader, zich er niet mee?

"Dat stoort me wel, dat hij niet ingrijpt. Maar ja, dat is ook een van de redenen dat ik niet meer bij hem ben: omdat hij nooit eens ingreep. Carlo is van de lieve vrede, eigenlijk heel Indisch. Conflict vermijdend, in de hoop dat het vanzelf overgaat. Carlo woont nu met zijn gezin in Portugal. Ik check wel soms de Instagram-pagina van Prisciels halfzusje, maar ik zie haar daar nooit."

Wat is de laatste concrete poging die jij zelf hebt ondernomen om het contact te herstellen?

"Dat heeft niet zoveel zin. Ze neemt de telefoon niet op als ik bel, en als ik mail, antwoordt ze niet. Vorig jaar kreeg ik bij toeval contact met haar verloofde. Na een modeshow van Danie Bles zat ik met een paar vriendinnen bij Broodje van Dobben – want bij Danie krijg je natuurlijk niets te vreten. Komt er ineens een gozer binnen, ik dacht nog even dat het een verdwaasde fan was, die riep: 'Nou, wat toevallig! Ik heb gisteravond met mijn schoonvader gegeten en nu zie ik mijn schoonmoeder!' Bleek dat hij met Prisciel in de kroeg aan de overkant zat. Hij is op mij afgestapt, zij bleef gewoon zitten. Maar het leek mij ook geen goed idee om die volle kroeg in te stappen, waar allemaal onbekenden zitten, die een cameratje op hun telefoon hebben. Zij is daar sowieso panisch voor; als ze een fotograaf ziet, denkt ze dat ík die heb gebeld, al ben ik bij wijze van spreken niet eens in de buurt."

En wat besprak je met haar vriend?

"Ik heb hem meteen gezegd dat mijn deur altijd voor hen open staat. Dat ik het heel fijn zou vinden als ze een keer zouden langskomen, in Amstelveen of op Ibiza. Later kreeg ik appjes van hem: 'Ik zie een dochter die haar moeder heel erg mist. Misschien kan ik er iets in betekenen, maar niet met die kutmedia erbij.' Maar toen hij uiteindelijk tegen Priscilla heeft verteld dat wij contact hadden, verbood ze hem nog te reageren. Soms app ik hem, maar ik krijg geen antwoord meer."

Je weet waar ze woont.

"Dus jij bedoelt: waarom bel je er niet aan?"

Ja.

"Omdat ik weet dat ze me wegstuurt. Waarom zou je dan aanbellen?"

Je zou het op z'n minst kunnen proberen?

"Ik zou niet weten waarom. En dan voor de deur stennis krijgen?"

Voor *Hotter than my Daughter* was je wekenlang met zestien moeders en dochters in de weer, om ze nader tot elkaar te brengen, wat met allemaal is gelukt. Het heeft iets ironisch dat je daar met jouw eigen dochter niet in slaagt.
"Zo is het ook heel ironisch dat ik voor TLC net een programma heb gemaakt met schoonmoeders- en dochters die elkaar naar het leven stonden en binnen twee dagen weer *on speaking terms* zijn. Heel simpel: door gewoon rustig met elkaar te communiceren. En dat dat in mijn eigen situatie niet lukt. Ik ben ook gebrouilleerd met mijn zus Debby, die er bovendien voor zorgt dat ik mijn negentigjarige moeder niet meer kan bezoeken. En ik weet zeker dat Debby een negatieve invloed op Prisciel heeft gehad. Maar wat moet je doen als mensen écht niet willen? Mijn dochter wil niet praten en mijn zus weigert professionele mediation. Dan houdt het toch op?"
Heb je je weleens afgevraagd of het toeval is, of dat het aan jou ligt dat je twee van zulke verwijderingen hebt binnen je familie?
"Natuurlijk is dat ook door mijn hoofd gegaan. Ik ben geen perfect mens, ik kan een kattenkop zijn met een grote bek, net iets te recht door zee. Ik kan een hele waslijst aan zwakke punten noemen. Maar die andere lijst is ook lang: ik sla niet, ik sta voor iedereen klaar, er is bij mij altijd lekker te eten en te drinken, ik ben altijd in voor gezelligheid, mijn portemonnee staat altijd open en ik doe als eerste een wasje en een strijk voor je."
En toch...

"Wat ik er het moeilijkst aan vind is dat me niet de mogelijkheid tot communiceren wordt geboden. Zowel door Prisciel als Debby niet. Waarschijnlijk omdat ze weten dat ze de ruzie gaan verliezen. Het is ook een *way of life* voor ze geworden, hè, om boos te zijn op mij. Wát als Prisciel na tien jaar weer bij mij over de vloer zou komen? Dan zeggen mensen in haar omgeving misschien: al die tijd deugde er niets aan Patty en nu ineens..."

Wat een lastige situatie.

"Ik vind het héél moeilijk, hoor. En ik heb heel lang naar mezelf gewezen. Maar die tijd is nu echt voorbij. Ook daarin heb ik een nieuw leven."

* * *

Flarden uit het zoveelste nieuwe leven van Patty Brard, deel 2
Helmond, opnamen voor Hotter than my Daughter

Gelijk na het aanbellen bij de eerste deelnemer van de dag is het huilen geblazen, wanneer Patty in Brabant oog in oog komt te staan met de schaars geklede Gosja, een veertigjarige Poolse die later zal vertellen dat ze als meisje werd verkracht door haar rijschoolinstructeur, waarna haar moeder niet naar de politie stapte maar in plaats daarvan korting op het theorie-examen bedong. Gosja blijkt de bezitter van een indrukwekkend Oostblok-accent en een niet minder indrukwekkend decolleté.

"Zo!" zegt Patty, als ze staand op de deurmat in de diepte staart. "Goeiemorgen!"

Vervolgens gaat Gosja huilen van ontroering bij het zien van zo'n grote tv-ster in haar eigen voortuin. Ze valt Patty om de hals, zegt goeiemorgen terug en vertelt nog vóór het passeren van de drempel dat 'goeie' in het Pools klinkt als 'piemel'. Binnen, in de woonkamer, wurmt ze zich al snel in haar lievelingskorset.

"Schat, kijk je ook weleens achter je in de spiegel?" vraagt Patty dan.

Gosja: "*Waaroem? Diet iez toch sexy?*"

Patty: "Nee, dit is een rollade."

Het is opvallend hoe direct ze is in haar commentaar op de kandidaten, en wat ze allemaal kan zeggen tegen wildvreemden zonder dat die kwaad worden. "Je ziet eruit als een tuinkabouter, met die afgrijselijke Crocs van je," blaft ze ergens in Gelderland tegen een deelneemster, die daarna gek genoeg alleen maar meer van haar lijkt te gaan houden. En tegen een andere zegt ze: "Mijn advies aan jou is: steek je kledingkast in de fik."

Hoewel ze in veel opzichten juist nogal verschilt van de mensen die ze bezoekt, wordt ze toch snel als een van hen gezien. Zelf verbaast ze zich daar niet over. "Ik herken veel in deze mensen, en zij in mij. Bijvoorbeeld wanneer ze stoer doen om zich een houding te geven. Dat had ik namelijk zelf ook. Naarmate ik dikker werd en me daar meer voor schaamde, kreeg ik ook een steeds grotere mond. Verder stel ik me op als een normaal mens die het allemaal ook heeft meegemaakt, dus mij kun je het allemaal wel vertellen. Dat werkt."

Wat ook helpt in het makkelijk maken van contact is dat ze het vermogen heeft razendsnel haar toon en manier van praten aan te passen aan degene die tegenover haar zit. Daardoor kon ze zich vroeger al net zo makkelijk verhouden tot Freddy Heineken en de familie Agnelli, als nu tot de in panterprint gehulde moeder uit het woonwagenkamp, te herkennen aan de dubbele tongpiercing.

Linguïstisch is Patty Brard een kameleon. Stuur haar een middagje naar De Jordaan en er sluipt als vanzelf een licht Amsterdams accent in haar dictie, wandel met haar twee keer de boulevard van Scheveningen op en neer en ze praat een tikje Haags.

Ook in het dagelijks leven vertrouwt ze op haar vermogen om snel de juiste toon te vinden en ze maakt daar dan ook gretig gebruik van. Daardoor heeft ze bijvoorbeeld in heel Amsterdam een netwerk van portiers, hotelconciërges, parkeerwachters en andere *mannetjes*, die ze stuk voor stuk precies genoeg aandacht geeft om altijd verzekerd te zijn van een parkeerplek of een ander klein privilege. En als aandacht en licht flirten niet genoeg is, heeft ze nog altijd de truc met de dozen. Wanneer ze bijvoorbeeld op het Hilversumse MediaPark een slagboom met intercom treft, gaat het zo:

"Beveiliging. Goedenavond."

"Hááái!"

"Goedenavond."

"Hááái! Patty Brard hier."

"Oh, goedenavond."

"Hé, luister schat, ik moet in Studio 21 zijn, maar ik parkeer mijn auto effe voor de deur, want ik heb een paar heel zware dozen bij me."

"Euh... nou... nee, dat kan niet. We hebben vanavo...."

"Dus doe je de slagboom even voor me open, lieverd?"

"Euh... nee, dat gaat dus niet...."

"Zou wel lekker zijn, want ze zijn echt niet te tillen."

"Nou... Oké Patty, dat is goed dan, maar niet te lang, en je moet je 'm daarna wel gelijk weer wegzetten, want straks..."

"Joehoe! Bedankt, schat!" roept ze vervolgens naar de intercom en het ontbreekt er nog maar aan dat ze er een handkus bij geeft.

En dan, nadat de slagboom is gepasseerd: "Werkt overal, dat lulverhaal over die dozen. Maar de enige doos in de auto ben ik altijd zelf."

* * *

"Voor het nieuwe gastentoilet wil ik een warme bril."

Serieus?

"Hey! Weet je hoe lékker dat is?"

Voelt dat dan niet alsof er iemand vóór je al heel lang op heeft gezeten, zo'n warme bril?
"Nee joh, is juist lekker luxe! En dan verder het hele toilet in goudkleur behangen."

* * *

Nog geen maand nadat Patty heeft gezegd dat ze toch nooit meer een baan van John de Mol krijgt aangeboden, krijgt ze van John de Mol een baan aangeboden.

Het is een nogal verrassende ontwikkeling, zeker voor iemand wier contractverlening bij RTL al lang en breed in de pers is aangekondigd. Ze vertelt erover op een zaterdag in de kleedkamer van een studiocomplex in Halfweg, om halfacht in de ochtend, waar ze voor de slotopnames van *Hotter than my Daughter* drie dagen lang zal worden geconfronteerd met een bont defilé aan zorgvuldig geselecteerde excentriekelingen.

De verwijdering met RTL begon toen er problemen ontstonden rond het werk dat haar was toegezegd. Ze zou regelmatig bijdrages gaan leveren aan zowel *RTL Boulevard* als aan de talkshow *RTL Late Night met Twan Huys*, totdat iemand zich begon af te vragen of het misschien niet een beetje veel zou zijn, op één avond twee keer Patty Brard in beeld. Daarom kwam Sven Sauvé, de grote baas van RTL, tijdens een etentje in Amsterdam met een nieuw aanbod: een jaar extra contractverlening, een bescheiden salarisverhoging én een nieuw programma, waarvan Sauvé helaas niet wist dat Brard via de Hilversumse tam-tam al had vernomen dat Natasja Froger hiervoor inmiddels had bedankt.

Haar antwoord was dan ook niet helemaal waar de televisiedirecteur op had gehoopt. "Sven, heb je inhoudelijk ook iets anders in de aanbieding?" vroeg Brard, op een zo cynisch mogelijke toon. "Misschien iets waarbij ik niet 300 dagen per jaar in de regen met een cameraman bij boze mensen op de stoep hoef te staan?" Maar dat zat er niet in. Daarna verliet ze teleurgesteld het gesprek. Ze sleepte zichzelf naar de sportschool en dineerde in het Amsterdamse restaurant Izakaya, met Gordon. Niet omdat ze daar nog veel energie voor had, maar omdat dit nu eenmaal was afgesproken. Nog vóórdat het hoofdgerecht was gearriveerd, viel ze aan tafel in slaap. Nadat Gordon haar toch maar wakker schudde, kwam het hele verhaal eruit. De slapeloze nachten en de frustratie over de manier waarop RTL met haar was omgegaan, het teleurstellende nieuwe aanbod, het feit dat *Hotter than my Daughter* was verhuisd van hoofdzender RTL 4 naar het slechter bekeken RTL 5, en nog veel meer grote en kleine ergernissen. "Dit slaat allemaal nergens op, zo moet je je niet laten behandelen," zei Gordon, "ik ga nú John de Mol voor je appen."

Nog voor het dessert werd geserveerd, kwam er al een appje terug.

"Schat," zei Gordon, "hij wil je."

Die avond had Patty de parkeergarage van het restaurant nog niet bereikt, of John de Mol meldde zich al persoonlijk per WhatsApp.

"Ik ga zo bellen!" schreef hij. "Neem op!"

"Ja, als John je wil spreken, is het net alsof de maffia belt," zou Patty later op spottende toon zeggen, maar de grote baas had dan ook haast. Maandagavond werd ze bij hem thuis in Blaricum op audiëntie verwacht. Dat was de eerste keer dat ze onder de indruk raakte van zoveel daadkracht.

Ze diende er om acht uur te zijn, maar stond uiteindelijk al ver voor achten voor zijn gigantische toegangshek, want uit de verhalen van ingewijden had ze opgemaakt dat het daarna nog wel een eindje rijden was voordat je ook daadwerkelijk de voordeur had bereikt.

Eenmaal daar aangekomen werd ze charmant ontvangen door Els, de echtgenote van John de Mol, die haar een rondleiding gaf door kamers zó perfect gestyled, dat zelfs voor het aanbrengen van de plinten een team van binnenhuisarchitecten leek te zijn ingehuurd.

Dat was de tweede keer dat ze onder de indruk raakte.

Na een kwartier kwam de heer des huizes zelf ook binnen. "Oké," zei hij, "ik ga nu koffiezetten en intussen ga jij mij vertellen wat er allemaal misgaat bij RTL, want daar geniet ik van. Wat is er trouwens met jou gebeurd, zeg? Het is net alsof ik naar je jongere zus zit te kijken." Daarna werd het al snel heel gezellig en op het einde van de avond deed hij een aanbod waarbij dat van RTL ter plekke verbrokkelde.

Ook hadden ze het natuurlijk nog even over Karin de Groot, de vrouw die Patty nog niet eens zo heel lang geleden bij John de Mols SBS had gedumpt omdat ze niet meer 'fris en fruitig' genoeg zou zijn, een opmerking die zo'n diepe kras op haar ziel had veroorzaakt dat ze zelfs aankondigde om dan maar voorgoed van het scherm te verdwijnen, een voornemen waarop ze overigens binnen drie maanden was teruggekomen. "Daar moet je niet meer kwaad over zijn," zei De Mol. "Integendeel. Dankzij haar ben je losgekomen van al die rare programma's waarin je van duikplanken moest springen. Wees blij. Stuur die vrouw een bos bloemen."

Na een paar uur praten namen ze afscheid. Afgesproken werd om het nieuws nog even stil te houden en pas te laten lekken op het moment dat Patty in Thailand zou zijn voor opnames van de zender TLC, zodat ze minder makkelijk bereikbaar was voor de pers. Het kwam zelfs dubbel goed uit, want hoe meer Patty zich als freelancer zou manifesteren en voor andere zenders dan RTL zou werken, hoe minder het er straks op zou lijken dat John de Mol zijn sterren wegkocht bij de grote concurrent.

Het liep tegen middernacht toen ze thuiskwam, maar op het moment dat ze de volgende ochtend haar ogen opendeed, vond ze al een tot in de puntjes verzorgd contract in haar mailbox, klaar om te ondertekenen.

Weer raakte ze onder de indruk.

Maar dat was allemaal gisteren, toen ze nog niets had gelezen. Dat heeft ze nu wel. En inmiddels is ze een stuk minder onder de indruk van John de Mol – perfect afgewerkte plinten of niet. Verder dan punt 3.3 kwam ze eigenlijk niet, want daarin trof ze een clausule aan die nog steeds haar bloed doet koken. Deze komt erop neer dat Talpa de samenwerking eenzijdig kan stopzetten op het moment dat Patty weer een bepaald gewicht bereikt. "Ik vind het krankzinnig," zegt ze, terwijl ze haar rechterlaars uitschopt. "Schandalig. Ik zou vervolgens twee maanden de tijd krijgen om weer op mijn oude gewicht te komen en anders wordt het contract ontbonden. Maar hij heeft echt vette pech, want dit onderteken ik natuurlijk niet. Wat denkt-ie wel niet?"

Ze schopt haar andere laars uit.

"Vroeger zou ik hier misschien voor zijn gezwicht, toen accepteerde ik dit soort bullshit, omdat ik altijd bang was anders opdrachten te verliezen. Die reallifesoap is daar een goed voorbeeld van. Zijne koninklijke hoogheid John de Mol zelf liet iemand naar me bellen, dus dan zeg je geen nee. Volgens hem was er na Ozzy Osbourne in Nederland maar één familie met wie zoiets ook kon. Wij. En dan ben je gevleid én durf je geen nee te zeggen. Maar nu is het even anders. Geloof me nou, opdrachten zat. Hij bekijkt het maar, ik ben niet eens verder gegaan met lezen."

Ze gaat zitten om ook haar sokjes uit te doen.

"Vroeger zou ik stampij hebben gemaakt. Had ik hem opgebeld en helemaal stijfgescholden. Nu niet meer. Ik heb mijn financieel adviseur gezegd: 'Maandagochtend is die achterlijke paragraaf over dat gewicht eruit, of ze zoeken het maar uit met hun hele contract.'"

Ze neemt een voorzichtig slokje thee. Daarna pruttelt ze nog wat na.

"Bekijk het lekker, zeg."

Het is een boodschap die kennelijk luid en duidelijk overkomt, want één etmaal, een sussende interventie van Talpa's programmadirecteur annex Patty-fluisteraar Erland Galjaard en een paar zalvende mails later, is de complete clausule geschrapt. Er kan worden getekend.

"Maar dat is dan ook het enige wat is geschrapt, want voor de rest staat er nog net niet in wanneer ik wel en niet naar de wc mag. En dan ook nog dat ik daar liefst niet te lang over mag doen," zegt Patty een dag later. "Alles is tot in de kleinste details vastgelegd, maar het is wel een goed contract. En voor twee keer zoveel geld als bij RTL. Ik zal daarvoor wel af en toe met tante Verlinde moeten samenwerken bij *6 Inside*, maar ja, je kunt natuurlijk niet alles hebben. Dat wordt nog wat trouwens. Die Albert weigert voor de uitzending te repeteren, omdat hij bang is dat iemand anders zijn nieuwtjes jat. Maar kom óp, zeg. Je kunt jezelf ook te serieus nemen. Je bent echt niet met wereldvrede bezig, hè. Je hebt het over iemand die iemand anders neukt in een parkeergarage – meer is het niet."

* * *

Wat kwetste jou het meest, aan die passage in je contract?
"Nu ik er wat langer over heb nagedacht, moet ik ook eerlijk zijn: Mijn uiterlijk heeft me evenveel plezier als last bezorgd. Dat is wel het dubbele aan hoe het allemaal is gegaan. Destijds vond ik het heel normaal dat ik dankzij mijn uiterlijk alles gedaan kreeg. Zonder dat ik er ook maar een greintje verstand van had. Ik stapte ooit dat reclamebureau binnen en vond dat ik wel meteen de televisie-afdeling kon gaan runnen. Waarom eigenlijk? Omdat ik knap was? Omdat ik maatje 34 had? Ja, ik dacht dat de wereld zo in elkaar stak. Dus wat dat betreft heb ik de laatste jaren wel lik op stuk gekregen."
Leg dat eens uit?
"Ik zou heel graag zeggen dat het anders was, maar natuurlijk heeft mijn revival van nu met mijn nieuwe uiterlijk te maken. *She's back*, lees ik overal. Ja, ik heb een nieuwe bek. De jaren daarvoor werd er gedaan alsof ik rechtstreeks uit Pieterburen gerold kwam. Het is gewoon een feit: als ik niet aan mijn uiterlijk had gewerkt, had ik nooit dat vierjarige contract bij John de Mol gekregen."
Dat heb je alleen aan je huidige figuur te danken, denk je?
"Ja. Terwijl ik mijn werk echt niet anders doe. Maar het is kennelijk toch je uitstraling. En het publiek vindt het bovendien fantastisch dat ik dat doorzettingsvermogen om af te vallen heb getoond. Het is leuker om zo naar me te kijken,

en ik straal iets anders uit, daar ben ik het allemaal mee eens, maar het kan eigenlijk niet waar zijn dat als je te dik bent, je daardoor minder werk hebt."

Maar dat was dus wel zo.

"Daarom vind ik het ook *fuckin'* pijnlijk dat ik nu weer zoveel programma's krijg. Ergens is dat heel oneerlijk. Al snap ik ook dat het wél eerlijk is. Toch kwetst het me soms enorm. Omdat ik me zo hulpeloos heb gevoeld toen ik werd afgeschreven vanwege niet meer 'fris en fruitig' genoeg, en vervolgens tóch de moed heb gehad om mezelf te resetten en daarna krijg je alsnog een tik op je neus: 'Maar als jij weer wordt wie je was, dan willen we je niet meer.' Terwijl ik godverdomme verwacht dat iemand zegt: tering, wat ben ik trots op je!"

Denk je dat er bij Gordon ook iets in het contract staat over zijn gewicht?

"Ik mag hopen van niet. En bij het zoontje van John vast ook niet. Aan de andere kant kan ik me óók voorstellen dat John het op een gegeven moment wel zat was met al dat gesnuif, gezuip en gevreet van zijn presentatoren. Dat-ie dacht: 'En nu is het kláár.' En vervolgens besloot het in de contracten te laten opnemen. Het is uiteindelijk toch zíjn zender en zíjn poen."

Dus een zakelijke beslissing.

"Ik ga het niet goedpraten, want echt, ik had niet getekend. Maar ik kan me er dus wel iets bij voorstellen. Erland vroeg aan me: 'Gaan jullie het nou echt op een paar woorden laten stuklopen? Je weet toch wat je waard bent?' Erland is degene die het heeft gekalmeerd."

Wat staat er nou uiteindelijk in?

"We hebben er 'uitstraling' van gemaakt. Dus dat ik dezelfde uitstraling moet behouden lopende de duur van het contract. Dat over drank – dat ik niet mag vervallen in buitensporig alcoholgebruik – staat er nog steeds in. Ja, weet je, ik drink niet. Dus zet het er lekker in als je daar blij van wordt."

* * *

Het is druk in de studioruimtes van Halfweg. In het tot kleedkamer gepromoveerde kantoortje waar ze zich vanwege het ruimtegebrek tussen de ordners en computers moet omkleden, iets wat ze overigens zonder klagen doet, wijst Conny op de plastic drinkbeker die Patty overal als een soort handtas met zich meedraagt. "Vergeet niet een paar slokjes van je shake te nemen," zegt ze. Na haar gastric bypass moeten anderen Patty er soms op wijzen dat ze al uren niets heeft gegeten of gedronken.

Er wordt op haar kleedkamerdeur geklopt. Het is deelneemster Michaela. Ze wil iets aan Patty geven.

"Hé Michaela, je hebt geen dikke buik meer!"
"Nee, hij is er alweer uit."
"Jeetje. Gefeliciteerd. De hoeveelste is dit nu?"
"De vijfde. Een jongetje."

"Wat leuk! En hoe heet-ie?"
"Bronco."
"Bronco? Wat is dat nou voor naam? Meer iets voor een auto, toch?"
"Ja, dat vond mijn man leuk. We hadden al Cheyene, en nu dachten we eerst aan Camaro, Caprice, zoiets... Maar het werd dus Bronco. En zijn tweede naam is Cherokee."
"Zijn al je kinderen dan naar een auto vernoemd?"
"Nee, hoor."
"O, gelukkig."
"Harley bijvoorbeeld niet. Die is naar een motor vernoemd."
"En komt er hierna nu nog één? Zijn jullie bezig met een heel wagenpark?"
"Dat weet ik niet."
"Hoezo, dat weet ik niet? Je slikt toch gewoon de pil?"
"Ja, maar die werkt niet bij mij."
"Oh. Nou, dan moet de vader misschien eens wat aan zijn startkabels doen."

Zo praten ze nog een tijdje door. Dan overhandigt Michaela een geboortekaartje. Daarop een tekening van een baby met bokshandschoenen aan.

Een snoezig gezicht, een mooie roze huid
Maar tering wat maakt dit kind een geluid
Toch overtreft dit wonder weer onze dromen
Maar van neuken zal het nu echt wel niet meer komen

Another fighter is born
Bronco Cherokee

PS: wil je mama's hechtingen komen tellen
dan eerst even bellen

"We hebben het kaartje zelf gemaakt," zegt Michaela.
"Tja," zegt Patty, "apart."

Dan gaat de deur dicht en doet Patty wat tv-sterren altijd doen wanneer ze niet op tv zijn: wachten tot de camera's weer aangaan. De tijd wordt gedood met het ophalen van herinneringen, want als haar stemming het toelaat is Patty Brard net een wandelende jukebox. Gooi er een naam van een bekende Nederlander in en er rolt als vanzelf een bijpassende herinnering uit. Dat kan ook niet anders, want ze heeft in haar turbulente leven de wonderlijkste mensen leren kennen.

Het ene moment serveerde ze thuis in Amsterdam cocktails aan oorlogsheld Erik Hazelhoff Roelfzema, beter bekend als de Soldaat van Oranje, het volgende moment ging ze in LA door de geluidsbarrière met Ron Wood van de Rolling Stones. In Nederland kent ze niet alleen de hele showbizzwereld van vroeger, maar ook die van nu, en heeft ze met vrijwel iedereen gewerkt die de afgelopen decennia zelf op televisie is geweest. Zeg bijvoorbeeld 'Herman Brood' tegen haar en de associaties komen vanzelf.

"Herman vond mij een lekker wijf, maar ook leuk om mee te feesten. We zijn in de stad een paar keer flink losgegaan samen. En altijd gratis met de taxi, want dat was een regel onder de Amsterdamse chauffeurs: omdat Herman altijd de grootste fooien *ever* gaf als het goed met hem ging – en dan bedoel ik honderd gulden voor een ritje dat vijfentwintig had gekost – mocht hij altijd gratis mee als hij even geen geld had. Aan Herman heb ik de gekste herinneringen. Hij had thuis bijvoorbeeld alle video's van Bassie en Adriaan staan. En volgens mij keek hij die ook regelmatig. Ik heb ook weleens stiekem een heel klein likje van het deksel van zijn pot speed genomen om te kijken of ik wat zou voelen. Of het likje was te minimaal óf het deed me niks, maar ik voelde niets. Hij begreep nooit dat, zoals hij dat zelf zei, iemand met mijn intelligentie en emoties nuchter in deze wereld kon functioneren. Dat is ook inderdaad niet altijd gelukt, maar zo ver als Herman ben ik gelukkig nooit gegaan. Hij kon niet meer zonder. Toen hij was afgekickt vond hij er in het leven ook gelijk geen reet meer aan."

Zo kan ze nog uren doorgaan – over Jan des Bouvrie, over Ruud Gullit, over alles en iedereen – maar nu even niet, want er wordt op de deur geklopt. De opnameleider komt binnen. Verderop staat de volgende zwaar getatoeëerde deelnemer alweer klaar voor een interview. Om verwarring te voorkomen en haar geheugen op te frissen, krijgt Patty per kandidaat een kaartje met daarop een aantal steekwoorden.

"De vrouw die straks komt," fluistert ze vlak voor de

opname van het zoveelste interview. "Die is te herkennen aan twee getatoeëerde smileys, lees ik hier. Ze heeft ook een piercing in haar clitoris trouwens. Dat staat niet op het kaartje, maar dat heeft ze me zelf verteld. Die heeft ze er persoonlijk doorheen geramd, als je het soms weten wilt. Ook de tattoos heeft ze zelf gedaan. Gewoon thuis, met haar eigen tattoo-set. Verder nog iets?"

Even later, wanneer de interviewsessies zijn begonnen, is het weer opvallend hoe openhartig de hoofpersonen binnen de kortste keren tegen haar worden, en hoe snel ze het zich kan veroorloven om nogal intieme vragen op hen af te vuren.

"Vind je jezelf mooi?"
"Wat voor ondergoed heb je aan?"
"Ga je echt zó de straat op?"
"Wanneer heb je eigenlijk voor het laatst seks gehad?"

Een van de kandidaten die ze heeft leren kennen, moet samen met haar dochter zien te eten van vijftig euro per week, waardoor haar diner soms noodgedwongen beperkt blijft tot een banaan. Twee weken geleden, na de opnames in haar nauwelijks gemeubileerde huis, gaf Patty haar redactie opdracht de complete productiekar met broodjes, soep en vers vruchtensap achter te laten. En vanochtend had ze nog een stapel van haar eigen lijn in corrigerend ondergoed en ondersteunende bh's van huis meegenomen. Ze had het hele stapeltje buiten het zicht van de camera's overhandigd aan een vrouw die dankzij haar maagband extreem was afgevallen, maar uit geldgebrek nog steeds het ondergoed van tachtig kilo geleden droeg.

Ook later op de middag blijkt haar betrokkenheid bij degenen die alles hebben verloren groot en kan ze meevoelen met iedereen die worstelt met chronisch geldgebrek.

Nog ver na de opnames zit ze in een hoekje apart met een deelneemster wier wangen nat zijn van de tranen.

"Sorry, hoor," zegt de vrouw.

"Je hoeft je niet te verontschuldigen," zegt Patty. "Ik heb sympathie voor iedereen die met weinig moet rondkomen, want ik weet hoe zwaar dat is. Ik ben zelf failliet geweest. Je hoeft mij niet te vertellen hoe erg dat is, schat. Daarom is het goed dat je nu een stap hebt gezet. Heb ik ook gedaan. Ik heb mezelf voorgenomen: ik wil nooit meer zonder geld zitten. Nooit. Meer. Zonder. Geld. Daarom werk ik me nu, op mijn 64ste, nog de tering. Ik probeer een pensioen op te bouwen."

Even later, terug in de kleedkamer, na een werkdag van veertien uur: "Dat heb ik ook tegen RTL gezegd, toen ze met hun nieuwe aanbod kwamen: leuk en aardig, die vage ideetjes van jullie, maar daar heb ik allemaal geen tijd voor. Ik moet een pensioen bij elkaar werken."

* * *

Hoezeer heb jij nou uiteindelijk op zwart zaad gezeten?

"Daar wil ik nog wel iets over kwijt, ja. Mijn faillissement is een duistere periode geweest, en ik heb inderdaad op zwart zaad gezeten. Maar jij vroeg me laatst hoe ik dat dan deed, mijn drugsgebruik in stand houden terwijl ik geen geld had. En ik vind dat ik daar nu toch antwoord op moet geven. Ik had destijds een vriendje dat zijn geld verdiende met dingen die niet door de beugel konden. Kort gezegd: hij was een dealertje. En zo kwam ik aan mijn troep. Hij hield mij in leven, ook financieel. Ik liep net niet zelf te dealen, maar ik heb hem wel geholpen met de cocaïne afwegen en inpakken. Daardoor zat ik er bovenop en zag ik dat wat hij deed niet kon en mocht. Maar ja, hij hield mij in leven, dus ik hielp hem."

Met illegale praktijken.

"Ja. Ik ben er niet trots op, maar ik heb op allerlei manieren geprobeerd toch geld bij elkaar te scharrelen om te kunnen leven. Door markten te openen, in winkels te staan, maar ook zo. Als een halve dealer dus. Terwijl Priscilla met de nanny en Robert in het flatje van Leontien Borsato woonde."

'Vroeger sprak je niet tegen Patty, maar tegen de pillen,' zei Evert Santegoeds over jou in die tijd.

"Het was niet zo heel gek dat ik toen slecht sliep, toch? Ik had altijd kalmeringstabletten in huis, en nog steeds. Vaak zijn het mensen die zelf een rood wijntje drinken om te kunnen slapen die daar opmerkingen over maken."

Heb je in die tijd weleens cruciale beslissingen onder invloed genomen?

"Nee. Zo erg ben ik nooit de weg kwijt geweest. Bij mij was drugsgebruik altijd alcohol-gerelateerd. Een snuifje nemen om weer verder te kunnen met het feest. Ik heb nooit dagenlang in mijn eentje zitten snuiven, zoals Wim Kieft dat deed."

De curator van het faillissement, Marc Udink, zei in 2018 het volgende tegen zakenblad *Quote*, over de schuld van 2,7 miljoen gulden, waarvan jij claimde dat je 'm tot de laatste cent hebt afbetaald: 'Zij heeft blijkens processtukken geen enkele bijdrage uit haar toenmalige inkomsten gedaan om haar schulden te voldoen. De bedragen waarmee haar schulden zijn voldaan zijn afkomstig van de verkoop van haar winkel en de ongebruikte huisvoorraad (onder meer een grote collectie pluchen beren) en door het winnen van een procedure die door de curator voor haar is gevoerd.'

"Hij vergeet erbij te vertellen dat er niets binnenkwam omdat ik officieel niets verdiende."

Maar jij hebt waarschijnlijk geen 2,7 miljoen hoeven terugbetalen?

"Nee. Ik heb wel tien jaar lang officieel niet mogen werken, omdat ik hém anders had moeten betalen. En zo'n schuld betekent dat je eigenlijk in een soort gevangenis zit. Dat je officieel niets kunt verdienen, omdat je anders moet afdragen. Weet je hoe vervelend dat is? Dat voelt echt alsof je tien jaar lang niet bestaat, hè?"

Intussen verdiende je dus wel, maar nooit wit.

"Laat ik het zo zeggen: hij heeft niet kunnen bewijzen dat ik mijn geld op een andere manier verdiende. Ik heb die hondenlul dus tien jaar lang kunnen ontwijken. Uiteindelijk is de schuld teruggebracht tot vier ton, maar ik vond dat hij die niet bij mij moest halen: dat mocht-ie bij Peute gaan doen."

Denk je nu, ruim 25 jaar later, milder over die man dan destijds?

"Nee. Ik vind echt dat hij zijn positie heeft misbruikt. Hij wist dat ik geen idee had wat Peute had uitgespookt en toch ging hij er keihard in. Onder andere door in de media te vertellen dat ik in mijn eentje zat met kerst. Omdat je het zo geil vindt om ook eens in de publiciteit te komen. Het was een Me'tootje, maar dan zonder seks."

* * *

De erfenis van Patty Brards lange tv-carrière ligt grotendeels opgeborgen in de archieven van Instituut Beeld en Geluid in Hilversum, al zijn er gelukkig ook veel flarden van haar loopbaan terug te vinden op internet. Wie een beetje zijn best doet, kan bij het zoeken de gekste dingen tegenkomen.

Uiteraard de beroemde Coebergh Ice-commercial uit de jaren tachtig, waarin Patty in zwart badpak vanaf haar strandlaken aan de rand van een Californisch zwembad het Nederlandse volk toespreekt, geflankeerd door een jacuzzi vol Amerikaanse vriendinnen ('Koe-burgh Ice, It's Nice!'). Maar ook een heel slecht reclamefilmpje voor goedkope vaatwasmachinetabletten en nog goedkopere koffiepads ('Koffie, Pat?'), alsmede een rits fragmenten uit allerlei tv-shows die na het faillissement haar definitieve rentree op de buis inluidde. De serie *Patty gaat Extreem* bijvoorbeeld, of al die andere tv-reportages die ze destijds ontwikkelde in samenwerking met Erland Galjaard en haar vaste producent Sebastiaan Spaan, en waarin we haar in navolging van haar grote voorbeeld Joanna Lumley over de wereld zagen trekken om de gekste dingen te doen. "Joanna Lumley vertrok voor een paar dagen naar een onbewoond eiland, dus ik wilde ook naar een onbewoond eiland."

Patty Brard zou Patty Brard niet zijn als ze er vervolgens niet gelijk vol in dook. En dus zagen de verbouwereerde Nederlandse tv-kijkers haar seizoenen lang de ene week in het oerwoud van Suriname deelnemen aan een Winti-ritueel, de volgende week de kijker toespreken vanuit een weeshuis op Bonaire of een leprakolonie voor de kust van Afrika, en daarna at ze wat halfrauw zeehondenvlees met een paar Eskimo's in Lapland of trok ze dagenlang met een groep transseksuelen door San Francisco.

Het publiek zag haar in allerlei hoedanigheden en uitdossingen van alles in haar mond en andere lichaamsopeningen steken als de show daar om vroeg, was er getuige van hoe ze zich als een baksteen van een drie meter hoge duikplank stortte, zich liet opsluiten, vastketenen, inspuiten en afzeiken, en zag haar op alle continenten vol overtuiging Patty Brard zijn. Voor geen enkel avontuur bleek ze zich te groot te voelen of zich te generen.

Zo werd haar tv-loopbaan als vanzelf een onwaarschijnlijk lange verzameling van successen en mislukkingen, van grote spelshows, quizzen, realitysoaps en reportages, van allerlei soorten weggooi-entertainment afgewisseld met lange, persoonlijke interviews of verre reisprogramma's, want Patty Brard heeft de afgelopen 65 jaar flink aan haar cv gewerkt.

Haar lijst opdrachtgevers is lang en omvat een groot deel van de Nederlandse commerciële televisiegeschiedenis. Tussen 1983 en 2020 werkte ze voor TROS, RTL-Véronique, Yorin, SBS6, BNN, RTL4, RTL5, Net5, TLC, NTR, BNNVara en Veronica.

Trots is ze met name op de lange portretten die ze maakte voor RTL5. En vooral op die met André Hazes. Drie dagen achter elkaar volgde ze hem met een cameraploeg, kriskras door het Amsterdam van zijn jeugd. "Ik ben er nóg van aan het bijkomen. Nog nooit ben ik drie dagen achter elkaar zo dronken geweest. Maar wat een topuitzending. André ken ik uit de tijd dat Carlo en ik stiekem met elkaar gingen, begin jaren tachtig. We hadden ons verstopt voor de pers in Hotel De L'Europe. Een van de eerste keren dat we samen in het openbaar verschenen, liepen we over het Leidseplein, richting de Oesterbar. Daar bleek André net op te treden. Die kwam niet meer bij toen-ie ons zag, gaf mij een knipoog en gooide gelijk zijn repertoire om. Vanaf dat moment zong hij alleen nog maar Italiaanse klassiekers: 'O Sole Mio', 'Volare', 'Come Prima', alles kwam voorbij! De volgende dag hebben Carlo en ik een enorme bos bloemen bij hem thuis laten bezorgen als blijk van waardering. Vanaf dat moment was een vriendschap geboren. Daarom heb ik achteraf zo'n spijt dat ik niet naar zijn begrafenis ben geweest. Vaak vind ik begrafenissen van bekende Nederlanders van die gebeurtenissen waarbij iedereen ineens wil laten zien dat ze de overleden persoon beter kenden dan wie dan ook. Beste vrienden waren ze dan ineens. Ik wilde daar niet bij horen. Bovendien was ik toen failliet en niet in beste doen. Maar spijt heb ik er nog steeds van. Ik hoorde erbij te zijn, punt. Ik heb altijd een band gehouden met de hele familie. Kleine Dré en Rox hebben nog voor Antoine en mij gezongen op ons huwelijk. Maar toen verscheen Monique in beeld en hebben we kleine Dré nooit meer gezien. Ik ben trots op wat hij bereikt heeft, en ik ben nog trotser op Rox en hun moeder Rachel."

Trots is niet het woord dat haar bij al haar eigen oude programma's te binnen schiet, maar schamen doet ze zich nergens voor. "Oké, je zit weleens met een bal in je mond in een raar spelletjesprogramma, of met je sterretje op het ijs in *Sterren dansen op het IJs*, maar wat dan nog? Er is niks mis met entertainment. Ook niet met programma's als *Gaan met die Banaan* of *De Nieuwe Uri Geller-show* of wat dan ook. Die Uri kon het trouwens echt, dat lepels buigen. Ik heb eens tijdens een repetitie een complete bestekbak uit de kantine gejat en die kreeg-ie binnen de kortste keren krom. Nou jij weer. En verder kunnen ze van alles van me zeggen, maar niet dat ik weinig heb meegemaakt in mijn leven. En ik ben onderweg vaak genoeg neergegaan, maar ik ben ook steeds weer overeind gekomen."

Haar avontuur als presentatrice begon ooit met het candid camera-programma *De Bananasplitshow*, dat begin jaren tachtig werd uitgezonden door de TROS en waarvan sommige afleveringen een legendarische status bereikten, zoals die met Ajax-speler Søren Lerby bij wie in 1983 een telefooncel op zijn oprijlaan werd geplaatst ("Ja maar, heb je toch geen stront in je ogen, ofzo?"). Het programma trok gemiddeld vijf miljoen kijkers.

"Soms hadden we een uitschieter en keken er zelfs bijna zeven miljoen mensen. Ik heb er auditie voor gedaan. Moest je op een bankje plaatsnemen, kwam er een wildvreemde naast je zitten en moest je proberen er zo veel mogelijk uit te krijgen. Ik werd aangenomen en hoewel ik destijds in LA woonde met Carlo en dus steeds heen en weer moest vliegen, had ik dat er wel voor over. Het was een heel dankbaar programma om te doen, want het was echt stil op straat wanneer *Bananasplit* werd uitgezonden. Je merkte aan alles hoe populair het was. Ik had destijds een deal met een wolfabrikant. Stond ik elke maand op de cover van zo'n breiblad in een trui, en elke maand was de kleur van die wol uitverkocht."

Bananasplit is het programma van de Nederlands-Israëlische presentator Ralph Inbar, een kleine, vriendelijk ogende man met een grote zwarte snor. Hij is een voormalig onderduiker en ex-soldaat uit de Jom Kippoeroorlog, en was drie jaar getrouwd met Sonja Barend. "Hij was echt het baasje van het programma. Ralph kon niet presenteren en geen teksten onthouden. Dat was lastig in een tijdperk waarin de autocue nog niet bestond. Alle opnames moesten minimaal drie keer over. Eén ding kon hij wel goed: hij verzamelde de beste mensen om zich heen om zijn eigen onvermogen te verbloemen. Ralph had een enorm ego, waarschijnlijk ter compensatie van zijn lengte. Elke onthulling van de verborgen camera-grap moest met hem pontificaal in beeld plaatsvinden. Meestal duurde dat langer dan de hele grap zelf. Hij vond het heerlijk wanneer mensen hem herkenden. Ralph vond zichzelf ook woest aantrekkelijk en vond het vreemd als anderen, zoals ik, daar iets anders over dachten. Hij kon absoluut wel wat, maar ook hij was getroffen door waar zoveel mensen in de Nederlandse televisiewereld aan lijden: de Ziekte van Belangrijkheid."

* * *

Je werkte in Italië ook al eens met zo'n type man: Pippo Baudo. De Willem Duys van de Italiaanse televisie.
"We presenteerden samen het San Remo Festival, ja. Ik vond hem echt een heel vervelende vent. Het type dat uitstraalde: 'Zo lang je goed bent met mij, gaat het met jou ook goed.' Na dat festival zou ik een nieuwe show krijgen, maar dat is niet doorgegaan – ik denk echt omdat ik niet op zijn geflirt inging. Hij was voortdurend *all over me*, maar net niet op een manier dat je daar aangifte van deed."
Hoe zou dat nu zijn, in het #MeToo-tijdperk?
"Misschien had ik dat tegenwoordig wel gedaan. Al verdring

ik dit soort dingen liever, doe ik alsof het niet is gebeurd. Ik heb het zo vaak meegemaakt, dat mannen te flirterig waren. Die kleine Ralph Inbar was ook zo. Hij drong zich aan me op, wilde altijd bij mij thuis afspreken omdat hij wist dat Carlo in LA zat. Heel ongemakkelijk. Toen ik zwanger werd, durfde hij gelukkig niet meer in mijn aura te komen."

Maar in deze tijd zou je dus wel van een metoo'tje spreken?

"Ja. Te lang die hand op je schouder, het gevoel dat hij altijd meer wilde. Bah. Terwijl: wat dácht-ie nou? Al waren hij en Pippo Baudo de allerlaatste mannen op de wereld: nog geen haar op mijn hoofd!"

Heb je daardoor ook minder genoten van die *Bananasplit*-periode?

"Zeker. Het was mijn doorbraak op televisie, dus ik wist nog niet goed hoe ik daarmee moest omgaan. In die tijd was ik vrij bleu. En Inbar was in feite ook nog mijn baas. Dus dan moet je je in bochten wringen om hem niet al te duidelijk af te wijzen, omdat je anders je baan kwijt bent. Dat vond ik heftig. Aan de andere kant: toen ik voor het programma Simon LeBon interviewde en die mij probeerde te versieren, vond ik dat gek genoeg toch een stuk minder ongewenst..."

Hoe ging dat?

"Er was een afterparty waarbij ik aan zijn tafel werd uitgenodigd. Midden in ons gesprek zat-ie ineens met zijn tong in mijn oor. Ik was gevleid, maar ook geschrokken. Dus ik ben weggegaan, terug naar het dure privéjacht waar ik op verbleef. De andere leden van Duran Duran heb ik nog vaak teruggezien tijdens mijn tripjes naar Londen en Ibiza, maar Simon nooit meer. Maar goed, die hoorde ook thuis bij Yasmin LeBon.

Overigens feestte ik op Ibiza ook vaak met Koo Stark, een Britse softpornoster die naar het eiland was gevlucht toen uitkwam dat ze het met prins Andrew deed."

Dezelfde prins Andrew die in verband is gebracht met multimiljonair Jeffrey Epstein en grootschalig seksueel misbruik van vrouwen.

"Die, ja. Wij vonden het overigens allemaal volstrekt normaal dat zij met een Britse prins ging."

Je vertelde dat Freddy Heineken een naaktfoto van jou op zijn bureau had staan. Probeerde hij nooit iets?

"Ook bij hem heb ik me weleens ongemakkelijk gevoeld. Hij was dwangmatig, maar ik hoefde verder niks van hem. Hij was niet mijn baas. Dus tegen hem kon ik gewoon zeggen dat-ie effe lekker normaal moest doen. Freddy was een vreselijke *show-off*. Bij voorkeur moest alles precies zo gebeuren als hij wilde. Dan raakte hij geërgerd wanneer ik wilde gaan dansen, omdat hij in zijn hoofd had dat we zouden gaan lunchen. En dat gebeurde dan meestal ook."

* * *

Discretie is niet het eerste woord waar je aan denkt wanneer je aan Petula Louise Brard denkt en dus is het niet zo gek dat John de Mol in 2004 uitgerekend in háár gezin het

Nederlandse antwoord ziet op de wereldwijd populaire reallifesoap die rond voormalig rockster Ozzy Osbourne was ontstaan.

Zo ontstond *Patty's Posse*. En later *Pat's Life*. En *Patty's Fort*, een subtiele verwijzing naar Betty Ford. En weer later *Patty's Big Fat Ibiza Wedding*.

Maar het begint allemaal met *Patty's Posse*, een voor Nederlandse begrippen nieuw soort show, waarbij de naamgeefster de deuren van haar huis en daarmee ook van haar ziel wagenwijd openzet, zodat heel Nederland kan zien wat zich allemaal afspeelt onder het dak van dat merkwaardige huishouden aan de Amsterdamse Stadionkade.

Met de televisieploeg die haar woning intrekt, maakt ze vooraf één heel duidelijke afspraak: de camera mag nooit uit.

Het is een impulsieve beslissing die veel grotere gevolgen heeft dan dat ze zich realiseert op het moment dat ze met dit tv-avontuur start, want al snel begint zich in haar geest een soort *Truman Show* af te spelen. Ze is zich 24 uur per etmaal bewust van de camera, en voelt zich al snel bijna nutteloos op de momenten dat er niet wordt gedraaid. Het heeft merkwaardige situaties toch gevolg. Ze kan zich midden in een heftige ruzie met echtgenoot René Muthert plotseling realiseren dat er vanuit de verkeerde hoek wordt gefilmd en moet dan haar tong afbijten om geen regieaanwijzingen te geven. En op de dag dat haar man het pand weer eens woedend verlaat, maakt de vrouw des huizes zich vooral zorgen over de vraag of er wel een bruikbaar wegloopshot is opgenomen.

"Het was een krankzinnige situatie waarin ik mezelf had gebracht. Als programmamaakster wist ik dat elke aflevering zou opknappen van zo veel mogelijk ophef en ruzies en gedoe, maar privé werd ik er langzaam maar zeker gek van. Het is nogal wat om je hele privacy overboord te gooien en tegen een cameraploeg te zeggen: kom maar, doe maar, film maar, zonder restricties."

Tegen *de Volkskrant* zegt ze daar in een interview uit die tijd over: "Het moeilijke van dit programma is dat je eigenlijk schreeuwt: ik ken geen grenzen. Maar op het moment dat mensen zich daarnaar gaan gedragen, wordt het mij te veel. Dan bedenk ik me: weet je wat het is Pat, je doet het allemaal zelf."

De allereerste zin die René Muthert in de allereerste aflevering van de allereerste personal reallifesoap op de Nederlandse tv spreekt, is: "Ja, dames en heren, ik word onderhouden door mijn vrouw." Daarna steekt hij een sigaret op. Dat doet hij voortdurend, sigaretten opsteken, net als de dan negentienjarige Priscilla trouwens, wat al snel een groeiende bron van ergernis wordt bij de vrouw des huizes, die op de gekste plekken in de woning volle asbakken vindt. En zo zijn er wel meer irritaties in huize Brard.

Nederland smult intussen van het wekelijkse inkijkje in Patty's leven, waar ook de gang naar de slijter per taxi wordt gemaakt, waar veel wordt gehoest, gesnotterd en gevloekt, waar huilbuien en lachsalvo's elkaar in mitrailleurtempo afwisselen en waar ogenschijnlijk in één week meer gebeurt dan bij de meeste mensen in een heel jaar.

En dan is het geheel ook nog eens heel snel gemonteerd, wat de hectiek in het leven van La Brard alleen maar accentueert. Dus als Patty in het ene shot aan haar echtgenoot vraagt 'schat, kun je me even in mijn ondergoed hijsen?', dan zie je hem in het volgende shot al met man en macht aan de touwtjes van haar korset hangen, want we mogen overal bij zijn en alles zien: de gezamenlijke badsessies met René, de woedeaanvalletjes, de goedmaakkusjes, het wakker worden en gaan slapen.

Grenzen lijken er niet of nauwelijks te zijn. Ook als Patty in het restaurant waar Priscilla werkt voor een educatief bedoeld voorlichtingsfilmpje opzichtig met een condoom en dildo aan de slag gaat, en het hele restaurant krom ligt van het lachen maar haar enige dochter zich overduidelijk schaamt, komt dat allemaal op tv.

* * *

Waarom hebben Carlo en jij het bij één kind gehouden?
"We hebben daar nooit zo bewust over gesproken. Dat ik zwanger werd was niet gepland, maar we vonden het wel heel leuk. Daarna is een tweede kind eigenlijk nooit ter sprake gekomen. Het overkomt je gewoon, of niet."
Had je niet meer kinderen gewild?
"Zeker wel. Ik ben gek op kinderen en zij zijn het ook op mij.

Soms zijn er op Ibiza hele gezinnen tegelijk op visite. Als ik weet dat ze komen, haal ik gezelligheid in huis. IJsjes, snoep en bitterballen bij de Nederlandse supermarkt. Ze zijn allemaal dol op de tipi in onze tuin, het zwembad, de hondjes."

Heb je later nooit geprobeerd voor een tweede te gaan?

"René Muthert wilde ook een kind van me. Voor hem heb ik zelfs nog IVF gedaan. Eén keer was ik bijna zwanger. Achteraf dank ik God op mijn blote knieën dat dat nooit is gelukt."

En bleef het er bij eentje.

"Ja. En ben ik gekke tante Patty voor de kinderen van vrienden. Daar kan ik zoveel van mijn warmte en gezelligheid in kwijt. Al blijft het wrang: ieder kind vindt mij leuk, behalve mijn eigen kind."

* * *

In de zomer van 1997 is de dan 42-jarige Patty Brard samen met wijlen Jos Brink te gast in *Villa Felderhof*. Het is een van de eerste grote tv-interviews die ze geeft na haar faillissement. Wanneer de twee al kussend kennismaken met gastheer Rik Felderhof, vertelt de voice-over intussen het verhaal van haar zoveelste revival. "Ze is gewend aan kaviaar maar ook aan droog brood," zegt de stem, "maar sinds ze weer bij de tv werkt, is ze weer omringd door het parfum van succes." Het is een vaststelling die in haar leven telkens in andere ronkende bewoordingen voorbijkomt. Zelf houdt ze er inmiddels een wat cynischer toon op na wanneer ze in het openbaar aan haar financiële ondergang refereert. Bij binnenkomst in de villa bijvoorbeeld, zegt ze: "Zal ik de champagne vast openen? Ik kan dat. Dat weet ik nog van vroeger."

Het is een vorm van galgenhumor die haar het lange proces van financieel herstel nooit heeft verlaten, en die bij tijd en wijle voor verlichting zorgde, zelfs in haar donkerste dagen. Toen ze weer helemaal opnieuw moest beginnen en met allerlei afgrijselijke schnabbels zo snel mogelijk de peilloze diepte van haar bankrekening moest zien aan te vullen, zei ze op een avond voorafgaand aan een optreden in Geleen: "Goedenavond allemaal, ik ben Patty Brard en alles wat ik aan heb is ook Geleen."

Ook deze editie van *Villa Fel*derhof volgt het vaste recept: er is een gezamenlijk uitstapje, een luchtig gesprek op een boot, een iets zwaarder gesprek bij het zwembad of andersom, en zo kabbelt het voort richting zonsondergang.

Alles komt voorbij: haar vroegere jetsetleven ('Ik kreeg voor mijn verjaardag een grijze Ferrari. Er was een verzekering tegen kidnapping. Maar ik was niet gelukkig.'), haar huwelijk met Carlo Nasi ('Ik was negen maanden min een week zwanger toen we trouwden, in de jurk van mijn schoonmoeder. Mijn moeder heeft nog van een oud laken een onderjurk gemaakt.') en haar persoonlijkheid ('Ik ben onzeker. Je moet niet met mij in een restaurant afspreken en dat ik dan in mijn eentje over die drempel moet. Die mensen die je aankijken, daar word ik erg bang van. Als je me ziet binnenlopen denk je dat ik de wereld volledig in de hand heb, dat weet ik van mezelf, maar het is een volstrekt aangenomen houding. Het zweet kan me over mijn rug gutsen, hoor. Maar je neemt die houding aan omdat je je er beter bij voelt. Je voelt je beter als de wereld niet ziet dat je onzeker bent.')

Ook haar mannen en haar ouders komen ter sprake. Over haar vader zegt ze: "Mijn vader is de meest recht-door-zee man die ik ken. Mijn vader heb ik als voorbeeld in mijn leven gesteld en daar kunnen natuurlijk maar weinig heren aan beantwoorden. Maar zo straight en zo eerlijk en zo lief en zo zorgzaam als mijn vader is, zo wil ik het gewoon hebben."

* * *

Wat is de meest dierbare herinnering aan jouw vader?

"Eigenlijk moet ik dan meteen denken aan de eerste ruzie met mijn zus, die begon op het feest ter gelegenheid van het 50-jarig huwelijk van mijn ouders. Mijn cameraman wilde daar komen draaien, om er een mooie film voor onze familie van te maken. 'Ik heb al een cameraploeg geregeld,' zei Debby toen. Maar die was er niet. Dus er is ook geen video van dat feest. 'Want,' zei ze, 'anders was het hele feest weer over jou gegaan. En dat is je al gelukt, want de openingsdans was al met papa en jou.'

Terwijl ik die avond wel als een soort pronkstuk ben gebruikt tegenover vrienden en kennissen die ik al lang niet had gezien. De beroemde zus en dochter Patty, die met iedereen op de foto moest. De volgende dag heb ik mijn vader gebeld en zo gehuild. Nu hadden we geen bewegend beeld van dat feest, terwijl het de laatste keer was dat alle familie en vrienden bij elkaar zouden zijn. Hij antwoordde toen: 'Laat het nou maar zo, Pat.' Dat was typisch mijn vader: 'laat het maar'. Daarom denk ik ook dat hij zich uiteindelijk zo volledig heeft laten overweldigen door mijn zus."

Hadden jullie wel dingen gemeen?

"Mijn vader was net zo hysterisch met honden als ik. Dan nam ik een hond, en dat werd dan binnen *no time* zíjn hond. Bibi en Lulu zijn de eerste honden die echt van mij zijn. We keken ook graag samen voetbal. Hij was een echte Feyenoorder, vanwege mijn neefje Stanley Brard, van wie hij de voogd was. En ik een Ajacied. Als Ajax tegen Feyenoord speelde, gingen we in verschillende treinen naar het stadion. Dan namen we afscheid op het treinstation en zagen we elkaar pas weer thuis.

Mijn vader was ook net zo gek op Priscilla als ik. In het testament dat mijn zus heeft laten opstellen, staat dat mijn ouders Priscilla wel onterven, maar de zoon van Debby niet. Ik weet zeker dat mijn ouders dat nooit hebben gewild. Mijn vader was nog doller op Prisciel dan op mij."

Zij was zijn enige kleindochter.

"Ja. In de tijd dat ik met Peute dat blad maakte, is Prisciel een keer met een groep vrienden vreselijk dronken geworden toen ze rondhingen op de Scheveningse Pier. Een van die kinderen kreeg een delirium, waarna Priscilla de ambulance belde. Mijn vader heeft toen al die kinderen opgehaald en heeft nog een rechtszaak overwogen tegen de slijter die hen de alcohol had verkocht. Ik hoorde dat pas drie jaar later – mijn vader had keihard voor me verzwegen dat ze zoveel had gezopen. Priscilla was echt heilig voor hem."

In 2015 overleed jouw vader. Je had jouw ouders toen al jaren niet gezien en was niet bij de uitvaart aanwezig. Priscilla en haar vader Carlo wel.

"Zij waren uitgenodigd. Mijn oudste broer en ik niet. Het werk van Debby, die zelfs beveiliging had ingehuurd om ons tegen te houden. Volgens haar had ik bij de begrafenis van ons jongste broertje Robert de pers uitgenodigd. Die was tien jaar daarvoor op 44-jarige leeftijd overleden. En er waren inderdaad paparazzi bij het uitvaartcentrum, maar we zijn met de familie nog speciaal via de achteruitgang naar de begraafplaats gelopen om ervoor te zorgen dat we niet konden worden gefotografeerd.

Uiteindelijk hoorden mijn oudste broer Dennis en ik pas drie dagen nadat mijn vader stierf dat hij dood was. Onze namen stonden niet eens op de rouwkaart."

Wat afschuwelijk.

"Volgens Debby was dat zijn wens, maar ik geloof er niks van. Dennis en ik waren net zo goed zijn kinderen. Zelfs al zie ik Priscilla nooit meer voordat ik doodga, ze stáát op mijn rouwkaart. Of ze nou wil of niet. Want ze is wél mijn kind.

Toen mijn vader negentig werd, heb ik bloemen gestuurd.

Mijn zusje liet dat boeket terugsturen. Ze is gek geworden, anders kan ik het niet zien."

Jullie waren ooit heel dik met elkaar, ze is zelfs in jouw huis in Los Angeles getrouwd.

"Debby was jarenlang mijn beste vriendin. Maar er heeft ook altijd jaloezie gespeeld, vermoed ik. Zij moest zich vroeger het rampetampen studeren, terwijl ik heel makkelijk leerde. Ik lulde mezelf met mijn flair overal doorheen – eigenlijk waar ik later mijn werk van heb gemaakt.

Toen ik succes kreeg, drong zij zich op. Ze wilde mijn manager worden en op die manier meeprofiteren. Ik vond dat in eerste instantie prima, ik wilde mijn hele familie laten meegenieten van het leven dat ik leidde. Bovendien had ze al ervaring: ze is jarenlang de rechterhand geweest van Paul Acket, die *Muziek Expres* en *Popfoto* had opgezet, en later aan de wieg stond van het North Sea Jazz Festival. Ze deed ook de zaken voor muzikanten als Hans Vermeulen en Chris Hinze. Maar ja, Debby liet dan een foto van mij in LA maken en zei vervolgens: 'Iedereen die een foto van Patty wil, kan 'm bij mij kopen.' Maar zo werkt het in Nederland niet. Dan stuurt zo'n blad gewoon Edwin Smulders naar LA en krijg je een onflatteuze foto bij het stuk. Dus we clashten nogal in onze aanpak."

Terwijl jullie in één huis woonden.

"Debby en haar man Willem waren een jaar bij ons ingetrokken. Mijn broertje Robert zelfs drie jaar. In het guest house, terwijl wij hem lieten studeren voor geluidstechnicus.

Hij waardeerde dat enorm, maar Debby wilde altijd meer. Zij beheerde onze rekeningen in Nederland, waar we nog een appartement hadden op de Prinsengracht. Toen we terugkwamen uit Amerika wemelde het daar ineens van de deurwaarders. Met allemaal facturen van dingen die zij had moeten betalen van onze rekening. Maar daar bleek ze van te hebben geleefd.

Als ik er nu zo over nadenk, is het misgegaan toen ik stopte met delen. Ik zie het ook bij bekende vrienden, zoals Gordon en Gerard. Die houden de mensen om zich heen, vooral familie, tevreden door altijd alles te delen. Ze betalen de vakanties, rekeningen – en dat voor zes of zeven mensen.

Maar zodra je daarmee stopt, krijg je scheve gezichten. Of dan ben je ineens een lul, zoals Gordon. En natuurlijk is Gordon een lastpak die alles naar zijn hand wil zetten – iets waar ik mezelf erg in herken – maar hij heeft óók een goed hart en is gul. Hoe dan ook: toen mijn huwelijk met Carlo eindigde, stopte ook het delen. Vanaf dat moment moest het weer gewoon verdiend worden."

Uiteindelijk kreeg Debby zelf ook een goede baan.

"Ja, ze was de secretaresse van oud-minister van Volksgezondheid Els Borst. In die hoedanigheid is ze uiteindelijk ook gebotst met Robert, toen hij heel ziek was. Hij wilde haar niet meer zien, en zij dacht dat ik daarachter zat."

Waarom wilde hij zijn zus niet meer zien?

"Robert zei dat Debby hem allerlei beloftes had gedaan om te helpen. Zoals voorrang regelen bij behandelingen – iets wat ze dacht te kunnen doen, omdat ze voor de minister van Volksgezondheid werkte. Maar het gebeurde nooit, terwijl Robert steeds wanhopiger werd. Hij was op z'n slechtst in de periode dat ik failliet ging. Toch bleef ik hem opzoeken. Met kerst nam ik de trein naar het ziekenhuis in Leiden en haalde bij de lokale Chinees iets goedkoops te eten, zodat we het in elk geval samen konden vieren. Maar zij liet zich niet zien.

Op een gegeven moment zei Robert: 'Wédden dat ze zich pas weer hier vertoont als ik in coma raak?' Dat werd binnen de familie een heel ding. En ja hoor: toen hij in coma raakte, stond ze er. Robert had expliciet tegen zijn vriendin Lydia en mij gezegd dat hij Debby niet op zijn begrafenis wilde. En later ook tegen onze ouders. Ik ben degene die haar die wens te kennen heeft gegeven, wat ze me niet in dank afnam. Sindsdien is het helemaal misgegaan. Ik was de boodschapper, meer niet, maar uiteindelijk heeft ze me teruggepakt door onze ouders voor zich te winnen."

Hoe lukt zoiets dan?

"Zij en haar man hebben dat heel slim aangepakt. Het is een lang, ellendig verhaal."

Op jouw Instagram-pagina postte je nog niet zo lang geleden een foto van je moeder.

"Dat was een boodschap aan mijn zus. Nadat mijn vader stierf, kregen mijn moeder en ik weer contact. Ze heeft Alzheimer, maar herkent iedereen nog. Onlangs kreeg ze een nierbekkenontsteking en liet mijn zusje haar in de Florence-zorginstelling Dekkersduin waar ze verblijft, overbrengen naar een afdeling voor demente ouderen. In de tussentijd hebben ze haar appartement leeggehaald en de huur opgezegd. De nierbekkenontsteking ging over, maar mijn moeder kon dus niet meer naar huis terug. En niemand mag haar opzoeken, omdat mijn zusje claimt dat ze een volmacht van allebei mijn ouders heeft. Maar mijn moeder zegt dat ze die nooit heeft getekend. En de handtekening van mijn vader zou in het bijzijn van een notaris zijn gezet op de dag dat hij 's ochtends in de badkamer viel, in coma raakte en de volgende dag stierf. Hóe dan?

Ik laat het er niet bij zitten, maar de tijd dringt. Dus heb ik mijn SBS-collega Kees van der Spek gevraagd te helpen. In het geheim stuur ik via een bevriende verpleegkundige filmpjes aan mijn moeder, en andersom. Het is allemaal te triest voor woorden. En tussendoor werk ik me helemaal scheel, want je krijgt het allemaal niet cadeau van Ome John. Ik bedoel: leuk hoor, dat nieuwe leven van mij, maar even uitblazen is er niet bij."

* * *

Flarden uit het zoveelste nieuwe leven van Patty Brard, deel 3
Amsterdam, SBS Studio's

Het is halfelf in de ochtend en voor het SBS6-programma *Zo Goed Als Nieuw* gaat Patty vandaag eerst Martien Meiland verrassen, de hysterische uitbater van het tv-hotel 'Chateau

Meiland'. Hij is GIF'jes aan het opnemen, korte internetfragmentjes die onder aanvuring van een professionele regisseur als lopendebandwerk worden opgenomen in een studio.

"En nu blij! Kom op, je bent blij!" roept de regisseur dan – en vervolgens springt de 58-jarige Martien juichend op.

"En nu verbaasd!"

De handen gaan tegen de wangen, opgetrokken wenkbrauwen.

"En nu depressief!"

De wenkbrauwen dalen weer, de schouders gaan als vanzelf mee.

"Ik kóm toch niet meer bij," zegt Patty, wanneer ze vanuit de coulissen het toneelstuk een tijdje bekijkt. Daarna loopt ze met draaiende camera het decor binnen en volgt er een typisch tv-gesprekje, waarbij zoals gebruikelijk alles net iets groter wordt gemaakt dan het in werkelijkheid is en waarbij wordt geschaterd terwijl er eigenlijk weinig te schateren valt.

Maar wanneer de camera allang is gestopt en Patty alweer met haar tas vol Liga's klaarstaat voor de volgende klus, zit Martien nog steeds in zijn rol. Op licht opgewonden toon vertelt hij dat hij gaat deelnemen aan *Ranking the Stars* en dat Paul de Leeuw hem daarvoor vanaf zijn vakantieadres persoonlijk heeft gebeld om het te vragen. Op de gang zegt zijn eindredacteur intussen tegen die van Patty: "Zou je ervoor willen zorgen dat Martien in jullie programma niet te belachelijk overkomt? Dat zou niet leuk zijn."

Een kwartier later, op een terras naast de studio, drinkt

Patty een kop gemberthee en zegt: "Tv-roem is heel verraderlijk. Het gevaar is dat je er zelf in gaat geloven. Dat je denkt dat je er echt toe doet, dat wat je doet echt verdomd belangrijk is. Dat is namelijk niet zo. Als je niet oppast, word je in een rol gedrongen, ook wanneer die rol je misschien niet helemaal past. Daarmee sluipen de problemen binnen. Je raakt in verwarring omdat je vroeg of laat niet meer weet wie je bent. Je wordt onzeker, de drempel om die onzekerheid te bestrijden met drank, drugs en ander raar gedrag wordt steeds lager en de weg terug naar normaal steeds moeilijker. Zo is het een tijdje met mij gegaan en zo gaat het met iedereen, als je niet uitkijkt.

De reallifeseries zijn het gevaarlijkst. Voorvallen worden geknipt, geplakt en uit z'n verband getrokken, waardoor het publiek gaat denken dat jij bent zoals die gemonteerde versie. En waardoor je op een gegeven moment ook zélf dat beeld gaat bijstellen en uiteindelijk helemaal niet meer weet wie je nou écht bent. Of dat je denkt dat je moet voldoen aan het beeld dat mensen door al die tv-programma's van je hebben gekregen.

Mijn eerste advies aan mensen als Martien, mensen die op slag beroemd worden, zou zijn: neem een manager. En nog belangrijker: neem een goede manager, zelfs als-ie veel kost. Die kan je voor veel misstappen behoeden. Martien gaat nu bijvoorbeeld *Ranking the Stars* doen. Hartstikke leuk, ik heb het zelf een eeuwigheid gedaan, maar dat programma past helemaal niet bij hem. Een manager had hem dat kunnen vertellen. En diezelfde manager had hem, als hij dan toch eigenwijs was, in elk geval nog voor het juiste bedrag kunnen laten gaan. Nu staat hij er waarschijnlijk gratis, of bijna gratis. Omdat Paul de Leeuw zo handig is geweest om zelf even te bellen. Vanaf zijn vakantieadres nog wel. Nou, nou..."

Er begint een schampere toon in haar stem door te klinken. Doorgaans is haar humeur stralend, zeker in vergelijking met de moodswings waar ze in vorige levens nog weleens door werd gekenmerkt, maar er zijn weinig zaken die zo snel haar irritatie opwekken als iets dat ze in de tv-wereld als amateurisme beschouwt. Bijvoorbeeld een redacteur die verkeerde informatie aanlevert of een regisseur die te veel aan het woord is tijdens de opnamen. Dan wordt de toon eerst cynisch ('heb jij ook nog iets op te merken, of kan ik gewoon mijn werk gaan doen?'), dan snauwerig ('het komt allemaal goed, zolang jij je er maar niet mee bemoeit') en daarna woedend ('hou liever gewoon je bek als je niks zinnigs te zeggen hebt').

Op het terras geeft ze het volmondig toe. "Het is waar: Ik kan niet tegen een bepaald soort mensen in Hilversum. Mensen die lijden aan de Ziekte van Belangrijkheid. En dat zijn er in het tv-wereldje best veel, kan ik je verklappen. Ik kan ook niet tegen onprofessioneel gedrag, dat klopt ook. Redacteuren die je vlak voor een opname lastigvallen met non-informatie, gewoon omdat ze iets willen zeggen. Rot. Een. Eind. Op! Zeg dan liever niks! Spelfouten in het script, ook zoiets. Ondertitels die niet kloppen, kromme zinnen in mijn presentatieteksten, informatie over deelnemers die verkeerd is. Gek word ik daarvan. Nee, dan komt de oude secretaresse in mij weer naar boven. In dat soort dingen ben ik heel precies.'

Een slokje gemberthee, om even te kalmeren.

Ze heeft het allemaal niet van een vreemde. Haar vader – de toegewijde rijksambtenaar F. Brard – was een vriendelijke en keurige man, gesteld op correctheid en met groot respect voor zaken als juiste spelling en een bepaalde mate van formaliteit.

Ook nadat hij allang met pensioen was, stelde hij zich nog aan vreemden voor als 'Brard, van de provincie Zuid-Holland'. Zo nam hij thuis ook nog jarenlang de telefoon op, ook als het gewoon de loodgieter was die belde over een lekkende gootsteen. Patty omschrijft haar vader als 'de strenge van de twee', een 'tikje opschepperig' maar vooral als 'een lieve, doodgoeie man'.

"Toen ik nog met Carlo ging, nam ik mijn ouders een keer mee naar het huis van de familie Nasi in Zuid-Frankrijk. Dat was nogal een cultuurschok. Dan klopte mijn vader na het diner zo'n butler op z'n schouder en zei: 'My compliments, it was very good, well done, we had a very nice diner!' Alsof die butler zelf in de keuken achter de pannen had gestaan. Heel schattig. We waren ook een keer in Alaska, op een cruise. Bedankte hij na elke taxirit de chauffeur heel uitvoerig. 'You are a very good driver!' Dat werd een running gag bij ons. Hij zou het bij wijze van spreken ook tegen de treinmachinist kunnen zeggen. 'You are a very good driver!'

Naarmate ik ouder word, zie ik hoeveel ik van hem heb. Dan hoor ik mezelf praten en zeg ik nog nét niet 'you are a very good driver' maar ik lul wel met iedereen, net als hij. Een boodschap doen duurt bij mij úren. Maar zo zijn er meer dingen. Het nauwkeurig Nederlands spreken, het belang hechten aan correcte spelling, dat heb ik allemaal van hem. Toen we naar Nederland kwamen, had hij al bedacht dat ik naar Instituut Schoevers zou gaan. Daardoor kan ik nu zeggen: ik ben ordinair, maar wel in zes talen vloeiend. Dat is dan toch weer minder erg, vind je niet? Allemaal dankzij mijn vader.

Tijdens die cruise gingen we na het diner de bar in, dan had-ie een wijntje op en wilde hij zingen. 'Waar is de microfoon!?' Mijn moeder probeerde hem dan vaak nog tegen te houden, maar dat was zinloos. Dan vond hij dat-ie de stem van Frank Sinatra had. Totaal overmoedig. Zo ben ik dus ook. Het is dat ik niet meer drink, maar giet er twee glazen in en ik ben Barbra Streisand.

Mijn vader heeft de oorlog meegemaakt. Vroeger sprak hij daar nooit over, al weigerde hij tot op latere leeftijd in een Japans restaurant te eten. Pas veel later ging hij toch weleens mee, omdat wij dat graag wilden, en toen kwamen ook de verhalen. Over de broers die hij is verloren. Eentje naderhand, die nooit meer is hersteld, eentje al tijdens de oorlog. Zoals ik aan mijn faillissement een tik met geld heb overgehouden, zo had hij dat door de oorlog. Hij was altijd bang dat hij datgene wat hij had, weer kwijt zou raken. Zelfs als mijn moeder twee pakken melk ging halen, wilde hij het wisselgeld zien. Het moest allemaal kloppen.

Toen we tijdens die cruise met de ferry van Vancouver naar Vancouver Island gingen, zagen we hem ineens met zo'n zware trolley zeulen. Daar bleken al zijn belangrijke documenten in te zitten. Hij had zijn hele administratie van huis meegenomen. En ook al zijn spaargeld. Durfde-ie niet thuis achter te laten. De volgende dag hebben we nog zo'n tasje voor hem gekocht, dat hij op zijn lichaam kon dragen, waar zijn spaargeld in kon."

* * *

Wie heeft er een grotere invloed op jou gehad, je vader of moeder?

"Mijn vader. Vooral in motiverende zin. 'Een Brard krijg je er niet onder' was zijn lijfspreuk. Dat zei hij ook letterlijk tegen me toen ik failliet ging."

Hoe was hij in jouw kindertijd?

"Veeleisend. Een vijf op je rapport bestond voor hem niet. Ik vraag me weleens af of ik het daar met Prisciel verkeerd heb gedaan, omdat ik daarin dus óók op mijn vader lijk. Zoals ik de druk om te presteren voelde, heb ik dat mijn eigen kind later ook opgelegd. Prisciel zat op haar vierde al met de nanny een boek te lezen. Omdat ik dat wilde. Zoals ik wilde dat ze leerde pianospelen en een klas oversloeg. Ik had het belang van presteren van huis uit meegekregen en heb het haar ook door de strot geduwd. Maar eerlijk gezegd weet ik niet of ik daar goed aan heb gedaan."

Uiteindelijk heb je dus van je vader geen afscheid genomen?

"Nee."

Hoe lang had je hem toen al niet gezien?

"Een jaar of drie. Ik ben wel altijd contact blijven zoeken. Maar dan belde ik hem op zijn verjaardag en zaten ze ergens te lunchen met Debby. Waren wij dus niet uitgenodigd. Op een gegeven moment is het zo duidelijk dat je niet welkom bent, dat je minder gaat bellen. En dan ineens is hij weg. Dat zou nu dus ook met mijn moeder kunnen gebeuren. Daarom heb ik nu advocaat Bénédicte Ficq in de arm genomen; om ervoor te zorgen dat de geschiedenis zich niet zal herhalen. Bénédicte heeft dat ook zo geformuleerd: dat het onmenselijk is om kinderen nog een keer het recht te ontzeggen om afscheid van een ouder te nemen."

Speelt het altijd in je hoofd?

"Natuurlijk. Het overschaduwt elk geluk. Maar om ervoor te zorgen dat ik niet instort, heb ik geleerd ermee om te gaan. Daarbij is mijn moeder ook nooit in opstand gekomen, hè. Wat ze thuis bij mij zei, dat ze het niet zo wilde, heeft ze nooit en plein public gezegd. Omdat ze bang is dat Debby haar anders niet meer laat verzorgen. Terwijl Antoine en ik natuurlijk hebben beloofd dat wij dat zouden doen. Maar ze is toch te bang dat ze haar zekerheden kwijtraakt."

Wat zou er gebeuren als jij gewoon naar binnen loopt bij Dekkersduin, het woonzorgcentrum waar ze is opgenomen? "Ik ben bang dat ze dan van schrik een hartklap krijgt. Dus ik heb geprobeerd er een dame naar binnen te smokkelen, die zich voordeed als verzorgster. En die dan voorzichtig zou informeren of mijn moeder haar kinderen Dennis en Patty nog zou willen zien. Zodra dat op camera staat, ga ik er meteen naartoe, desnoods met een pruik en een bril op. Maar als het haar te veel van streek zou maken, dan is het wat het is. Dan was onze laatste ontmoeting hier thuis, op 26 juni 2016."

* * *

Op een middag gaat Patty Brard in de keuken in Amstelveen achter haar laptop zitten en stuurt haar advocaat Bénédicte Ficq een mail. Het is haar officiële verklaring over de gang van zaken rond de verwijdering van haar beide ouders. Een fragment uit de meterslange mail:

Van: Patty Brard
Onderwerp: verklaring Patty
Aan: Bénédicte Ficq
Kopie: Dennis Brard; Hein Heul; Antoine

Toen mijn ouders aangaven dat zij hun huis in Wateringen steeds moeilijker te bestieren vonden en hun huis in Spanje graag tezamen met hun huis

in Wateringen wilden inruilen voor een comfortabel appartement in Nederland, kwam mijn moeder in eerste instantie met de brochure van een appartement in Mariahoeve in Den Haag. Maar toen wij hen Crystal Court in Buitenveldert lieten zien, was de keuze snel gemaakt. Zij waren ooit hun tocht uit Indonesië naar Nederland in Amsterdam begonnen en zouden die daar ook eindigen, dicht bij Antoine en mij.
Antoine en ik hebben alles in het werk gesteld hun droom waar te maken om nog één keer nieuwe herinneringen te maken met z'n tweeën in een overzichtelijke nieuwe situatie. We hebben er alles aan gedaan hun twee huizen te verkopen en een nieuw plekje voor ze te creëren waar ze hun oude dag samen in ere zouden kunnen doorbrengen. Dat hadden zij verdiend. Het verlies van hun jongste zoon had er behoorlijk in gehakt.

Financieel was dit nog niet zo'n makkie, aangezien er een tussenhypotheek moest komen voor hun nieuwe appartement, terwijl hun twee andere huizen natuurlijk niet op stel en sprong verkocht werden. Zelfs al had het betekend dat Antoine en ik het huis waar wij thans in wonen niet hadden kunnen kopen, stortten wij 200.000 euro op hun rekening om de tussenhypotheek te realiseren. De verbouwing werd door ons geregeld en de verhuizing had ik in een dag rond. 's Avonds hoefden zij alleen maar in een vers opgemaakt bed te stappen in een kant-en-klaar uitgepakt huis. Wat waren ze gelukkig. Bovendien had Antoine het appartement dusdanig ingedeeld dat het rolstoelproof was en er een extra slaapkamer voor hulp in de huishouding of zorg was. Dit was hun eindstation.

Totdat mijn moeder mij op een dag vertelde dat Debby en Willem onverwacht na lange tijd geen contact met onze ouders gehad te hebben met een bos rode rozen voor de deur stonden om een kijkje te nemen in hun nieuwe stulpje. Debby en Willem waren er van quitte af aan tegen dat het huis in Spanje verkocht zou worden, aangezien ze er vaak vakanties doorbrachten. Zij betichtten destijds zelfs financieel adviseurs van het feit dat ze het huis van mijn ouders verhuurden, zonder toestemming van mijn ouders. Achteraf bleek dat zij slechts een wig probeerden te drijven tussen mijn ouders en de inmiddels met hen bevriende financieel adviseurs.
Toch is het Debby en Willem gelukt mijn ouders ervan te overtuigen dat de adviseurs malafide waren en dat Antoine en ik geen recht hadden op de terugbetaling van de twee ton die wij mijn ouders leenden voor de tussenhypotheek. Mijn vader kreeg toen een

herseninfarct en bleek erg beïnvloedbaar. Antoine is destijds nog enkele keren bij mijn vader geweest om de administratie uit te leggen en duidelijk te maken, dat was na elk bezoek akkoord, totdat hij weer met Debby sprak die inmiddels steeds meer touwtjes in handen leek te krijgen. Inmiddels revalideerde mijn vader in een verzorgingstehuis, alwaar hij goede en slechte momenten had. Hij heeft een keer de dochters van een goede vriend, de heer Ang, gevraagd langs te komen omdat hij vond dat hij Debby te veel macht had gegeven en dat graag terug wilde draaien. Mei Lin, een van de dochters, heeft toen zijn wensen op band opgenomen opdat zij later alles goed kon uitvoeren. Deze bandopname is later op papier uitgewerkt.

Uiteindelijk is Mei Lin net als de rest van de familie en vrienden die niet met Debby meedachten de toezegging tot mijn vader en moeder ontzegd, die intussen door Debby in verzorgingstehuis Dekkersduin geplaatst waren omdat Debby besloten had het droomappartement Crystal Court te verkopen. Mijn vader liet daarvoor nog diverse malen weten graag naar Crystal Court terug te willen keren, maar aangezien dat in de verkoop stond was het volgens Debby niet passend om daar een man in een rolstoel aan een zuurstofapparaat neer te zetten. Mijn vader keerde terug naar zijn vrouw in zorginstelling Dekkersduin in Kijkduin. Inmiddels werd er met verklaringen gewapperd en mochten Dennis en Hein, noch Antoine en ik naar de 90ste verjaardag komen. Voor Dennis en Hein was zogezegd geen plek, ik was inmiddels de boef die twee ton gepikt had. Ik stuurde bloemen naar mijn vader, tegen beter weten in......die werden door Willem Wagemaker aan de receptie bij Dekkersduin linea recta teruggestuurd. Ik werd gebeld door de bloemist wat ze met het bloemstuk moesten doen, of ik er iemand anders in de buurt blij mee kon maken.

Zowel Dennis als ik bleken onterfd en de dag dat mijn vader 's ochtends in het toilet van hun onderkomen was gevallen, blijkt er ook nog in bijzijn van notaris De Vries een verklaring ondertekend te zijn door zowel mijn vader als mijn moeder dat ons voor de rest van ons leven de toegang tot onze ouders ontzegd werd. Best vreemd als later blijkt dat mijn vader die dag niet meer bij kennis geweest schijnt te zijn. Wij hebben drie dagen na zijn overlijden pas vernomen dat hij er niet meer was en ons werd op basis van die verklaring de toegang tot zijn begrafenis ontzegd.

Mijn moeder bleef nadien stiekem contact houden met Dennis. Zij had zijn telefoonnummer op een papiertje bewaard en verstopt zodat ze hem te allen tijde zou kunnen bellen om te kletsen en hem kon vragen langs te komen als ze zin had in een kopje koffie of een ijsje.
Zo ook op 26 juni 2016. Dennis en Hein haalden haar op en het gesprek kwam op mij. Ze had zo graag nog een keer ons huis aan de Amstel gezien. Dennis belde mij op of ze langs konden komen. Met gezwinde spoed ben ik haar favoriete taartje bij Maison van Wely gaan halen en haalde ook nog een oudere mobiele telefoon bij de Vodafone-winkel, die zij voortaan voorgeprogrammeerd bij zich kon dragen, zodat wij altijd stiekem toch in contact met elkaar konden blijven.
Mijn moeder maakte zich eerst nog druk om mij, ze was bang dat ik boos op haar zou zijn. Zij heeft herhaaldelijk gezegd dat zij nooit een verklaring getekend heeft waarin staat dat zij ons niet meer wilde zien, herhaaldelijk gesteld dat ze van al haar kinderen evenveel houdt en na een gezellige middag de wens uitgesproken ons graag een keer in het verzorgingstehuis te verwelkomen. "Ik woon natuurlijk niet zo riant als jullie, maar zou jullie het graag willen laten zien!" Aangezien de mobiele telefoon nog niet geprogrammeerd was en niet in haar kleine handtasje

paste, beloofde ik haar die nog na te komen brengen. Ze leek ineens nerveus naar het verzorgingstehuis terug te willen.

Bij terugkeer bleek ook wel waarom. Debby had haar opwachting gemaakt, overal hingen post-its, met "Waar ben je". Dennis en Hein lieten mama achter in Dekkersduin, maar werden later gebeld dat Debby en Willem woedend op mijn moeder waren om het bezoek dat ze aan ons had afgelegd en hadden haar administratie door haar appartement heen gegooid en gezegd dat ze het zelf allemaal maar moest uitzoeken als dit haar gedrag zou zijn.
Dennis en Hein deden aangifte bij de politie en schakelden Veilig Thuis in. Allemaal tevergeefs. Mijn enige contact met mijn moeder is inmiddels via een verpleegster genaamd Martina. Ik stuur haar soms filmpjes en Martina maakt dan filmpjes van mama voor mij. Inmiddels is mama's appartement leeggehaald en is zij verhuisd naar een besloten afdeling in Dekkersduin omdat zij dementerend is. Martina mag inmiddels van Debby ook niet meer bij mijn moeder langs, omdat zij waarschijnlijk begrepen heeft dat ik zo contact met mama hield.
Aan mama was verteld dat ze haar appartement gingen afbreken en dat zij daarom moest verhuizen, wij hebben nog even gedacht dat mama was overleden,

totdat onze advocaat van de directie van de overplaatsing vernam.

Ik heb verscheidene keren aangegeven voor mediation open te staan, tevergeefs. Ik heb ook aangegeven geen aanspraak te willen maken op mijn kindsdeel, dat het me niet gaat om geld, dat ik alleen maar mijn moeder wil zien, en zij mij. Dat ik graag de originele papieren waar Debby constant mee zwaait zou willen zien, want op de kopieën die wij hebben, twijfel ik aan de authenticiteit van de handtekeningen. Bovendien zijn de pagina's niet opeenvolgend genummerd en gezien de uitspraken van mijn moeder toen zij nog in goeden doen was, twijfel ik ten zeerste aan de handelswijze en aan de beweegredenen van mijn zuster Debby en haar man Willem.
Bovendien verdenk ik hen er sterk van dat zij ertoe bijgedragen hebben dat het contact tussen mij en mijn dochter slecht is. Ik denk dat daar van alles is ingefluisterd waaruit conclusies zijn getrokken die absoluut onjuist zijn. Bij de notaris trokken we overigens eerder aan het kortste eind, want hij beroept zich op zijn beroepsgeheim.

Patty Brard

* * *

Hoe was vroeger jouw relatie met je oudste broer Dennis?
"Niet zo goed. Ik vond hem bloedirritant. Hij wilde dat ik goed was op school, dus ging me bijlessen wiskunde geven, waar ik helemaal geen zin in had. En als ik dan stiekem de deur uit sloop om de stad in te gaan, riep hij naar mijn vader: 'Hoe laat moet ze thuis zijn!?'"
Wat vonden jouw ouders ervan dat hij op mannen viel?
"Ik heb altijd gezegd dat ze daar niet moeilijk over moesten doen. Op een gegeven moment was mijn broer verhuisd met zijn vriend, van wie mijn vader altijd had gedacht dat het 'een' vriend was. Tot we in zijn nieuwe woning kwamen en er maar één slaapkamer bleek te zijn. Mijn vader helemaal in shock, maar ik zei meteen: 'Ophouden, zeur er niet over.' De jongste broer van mijn moeder is ook een nicht, dus ze kenden het heus wel."
Na Dennis en Debby kwamen jij en zes jaar later Robert, of 'Bobby' zoals jullie hem meestal noemden.
"Ik hing vooral aan mijn zusje Debby. En als iemand een vinger naar Bobby uitstak, roste ik ze in elkaar. Mijn broertje was zo lief. En achteraf bezien vormde hij de lijm van onze familie. Na zijn dood viel alles uit elkaar."
Wanneer werd hij ziek?
"Zijn gezondheid begon hem op z'n twintigste in de steek te laten. Hij kreeg acuut suikerziekte. Een zus van mijn moeder is daaraan overleden. Robert moest insuline spuiten, mocht geen drank meer en moest erg letten op wat hij at. Maar hij zette gewoon een fles cola aan z'n mond.

Robert is altijd de knapste van het stel geweest. Hij was heel erg stout, het wemelde van de vrouwen om hem heen, we werden er soms gek van. Maar omdat hij niet leefde als een diabeet, werkte ook zijn pancreas niet goed meer. Van het dialyseren en spoelen raakte hij halfblind. Uiteindelijk moest er ook een transplantatie komen. Zodra het ging vriezen, begon hij zich al te verkneukelen: met een beetje mazzel zou er iemand tegen een boom knallen en kon hij misschien wel een nieuwe pancreas krijgen. Dat hij zo zwak is geworden, kwam waarschijnlijk door de anti-afstotings-medicijnen. Hij lag blind en mager in een ziekenhuisbed pijn te lijden."

Tv-maker en BNN-oprichter Bart de Graaff lag in dezelfde tijd in hetzelfde ziekenhuis.

"Lydia liep daar heen en weer, tussen de kamers van Robert en Bart. Ik heb nog weleens met Bart in de kroeg gestaan. Had-ie te veel gedronken, ging hij naar huis: 'Even spoelen en dan ben ik zo weer nuchter.' Ziek zijn was voor hen ook een way of life geworden. Ze wisten bijna niet beter en wilden nog zoveel uit het leven halen als mogelijk was."

Klopt het dat jij geen nier aan hem mocht afstaan omdat er door het faillissement ook beslag op jouw lichaam lag?

"Ja. Ik werd verplicht geld te verdienen om daarmee schuld-eisers terug te betalen, en dat zou niet kunnen als ik in het ziekenhuis lag. Gelukkig was mijn nier geen *match*, anders had ik dat de curator ook nog steeds kwalijk genomen."

Waren jullie er allemaal bij toen Robert uiteindelijk stierf?

"Alleen mijn ouders, ik en Lydia. Debby was er niet en Robert wilde Dennis er ook liever niet bij. Dennis had destijds een relatie met een man die ook nog samen met een andere man was. Om de lieve vrede te bewaren, namen ze die ex altijd mee, waar Robert zich hevig tegen verzette. 'Zit ik met drie nichten aan m'n bed,' mopperde-ie dan.

Het moment dat hij doodging, vergeet ik nooit meer. Hoe mijn ouders volledig verslagen naast zijn hoofd zaten... Ik hield intussen zijn voeten vast, omdat ik ergens had gelezen dat de ziel via de voeten het lichaam verlaat."

Hij overleed in 2004, bezoek je zijn graf nog?

"In het begin ging ik heel vaak. Sowieso elke zondag om bloemen neer te zetten en kaarsjes te branden. Ervoor zorgen dat hij er mooi bij lag. Hij wilde begraven worden vlak bij het ziekenhuis waar Lydia op de afdeling oncologie werkt, zodat ze in haar lunchpauze bij hem langs kon komen. Dat doet ze tot op de dag van vandaag.

Robert wilde ook dat Liedje na z'n dood zíjn plek zou innemen binnen onze familie. Waardoor ze in de toekomst zou meedelen in de erfenis. Maar kort daarna ontstond er ruzie over hoe zij het graf onderhield. Terwijl zij het betaalde en altijd zo mooi in de pioenrozen zette. Maar Debby hitste mijn moeder op. Toen Lydia op een dag bij het graf kwam, was alles leeggehaald en stonden er totaal andere planten. 'Het is míjn kind,' zei mijn moeder toen, 'en jij hebt al een nieuwe vriend.' Die nieuwe vriend leek exact op mijn broertje. Een soort dubbelganger. Mijn ouders konden daar niet mee omgaan, maar zij en ik zijn altijd contact blijven houden. Laatst heb ik ook expres foto's van ons op Instagram gepost. Om te laten zien dat die relatie nog steeds goed is."

Te laten zien aan wie?

"Aan Prisciel natuurlijk. Ik hoor dat ze een tijdje totaal in de ban van Debby is geweest, al schijnen ze inmiddels geen contact meer te hebben. Ik denk dat Priscilla inmiddels ook niet meer weet welke verhalen ze wel en niet moet geloven. Maar goed, de laatste jaren ben ik dus niet meer naar het graf van onze Bobby geweest. Op het moment dat ik dat uitspreek, krijg ik het benauwd. Ik weet dat hij wil dat ik blijf komen. Misschien ben ik ermee gestopt omdat de sfeer in onze familie zo naar is geworden. Maar daar kan hij niks aan doen, dus ik moet binnenkort echt weer eens gaan."

* * *

Flarden uit het zoveelste nieuwe leven van Patty Brard, deel 4
Amsterdam, Prinsengracht, het terras van café De Hoek

Privé-besognes of niet, er moet ook vandaag gewerkt worden. Gelukkig schijnt de zon in Amsterdam, zodat Patty bij gebrek aan kleedkamer vandaag in de buitenlucht kan worden opgemaakt. Ze is hier voor het programma *Zo Goed Als Nieuw*, een SBS-productie waarbij ze helpt dierbare maar kapotte spullen van deelnemers te laten opknappen.

Straks zal ze met een oude, verweerde pop naar de winkel

gaan van iemand die zichzelf 'de poppendokter' noemt, nu likt ze eerst geroutineerd aan het wattenstaafje van Conny. Aan het tafeltje naast hen zit een Duits jongetje al een tijdje boven een grote pannenkoek keihard te krijsen. Ze heeft de ouders al een paar keer een vernietigende blik toegeworpen, maar erg veel geholpen heeft dat nog niet.

"Laat dat kind z'n smoel houden, of ik bega hier een moord op dat terras," zegt ze. "Dit is toch niet normaal? Daar moet je als ouder toch iets van zeggen? Dat is toch gewoon een kwestie van goed opvoeden?"

En dan, gelijk er achteraan: "Moet je mij horen. Echt de aangewezen persoon om iets over andermans opvoeding te zeggen."

De poppendokter blijkt een dunne, bleke man met voorover gekamd haar. Bij wijze van doktersjas draagt hij een veel te groot wit overhemd en achter de etalageruit van zijn volgestouwde winkel heeft hij een bord gezet waarop de tijden van zijn spreekuur zijn vermeld. *Doll Hospital*, staat er in bloedserieuze letters op het bord. Ook heeft hij er voor de zekerheid twee afbeeldingen van een ambulance bij geplakt.

Als Patty eenmaal binnen is en overlegt voert met de regisseur, klinkt er af en toe een echo uit een vorig leven in haar woorden door.

"Dus we doen het hele interview daar, aan de bar? Ik bedoel: aan de toonbank?"

Daar staat de poppendokter al een tijdje trillend te wachten op wat komen gaat.

Het gesprekje zelf stelt niet veel voor en staat er binnen een kwartier op. Het verzorgen van de make-up duurde langer. Wel moet ze na afloop even gaan zitten. "Ik krijg een enorme wegtrekker," zegt ze, wanneer ze snel even plaatsneemt op een krakende stoel. Er wordt een redacteur richting de auto gestuurd voor wat Liga's. Rennend gaat hij op weg. Gelukkig ligt er een heel familiepak op de achterbank. "Ik doe een moord voor een Liga," zegt Patty, terwijl de poppendokter stijf achter zijn toonbank blijft staan en de redacteur zigzaggend door het Amsterdamse autoverkeer flitst. "Ze komen me soms de strot uit, maar sinds mijn gastric bypass leef ik op die krengen." Even later, na een paar voorzichtige hapjes, gaat het wel weer.

Eenmaal bevrijd van de stad en de drukte, slingerend langs de stille Amstel op weg naar Antoine en de hondjes, begint het antichambreren en schudt ze langzaam maar zeker het juk van de bekendheid af. "Hier, meestal bij deze bocht in de rivier, als je zo uitkijkt over de weilanden, op precies deze plek, keert er altijd een heerlijk soort rust over me. Dan krijg ik een beetje hetzelfde gevoel als wanneer ik op het dakterras op Ibiza de was sta op te hangen. Dan zijn Nederland, en het MediaPark, en de televisiewereld, en zelfs de poppendokter opeens heerlijk ver weg. En dan realiseer ik me ook weer hoe bevoorrecht ik ben dat ik hier mag wonen."

Het is halfzes. Straks zal ze aan het kookeiland nog even met Antoine napraten, vooral over het bod dat ze vanmiddag hebben gedaan op een appartement op Ibiza, een huis dat voor de verhuur dient en als investering geldt. Maar daarna is het echt gedaan met de BV Patty Brard. Dan gaan de rolluiken dicht.

"Daarna ga ik naar mijn bed. Zo snel mogelijk. Geloof me: met dit soort draaidagen is er thuis weinig rock-'n-roll meer over, hoor. Niks wild leven. Na *Lingo* stort ik helemaal in."

* * *

Wat zijn jouw wildste tijden geweest?
"Misschien de nadagen van mijn huwelijk met Ron."
Door die trouwring liet je je niet weerhouden?
"Nee. Ik was een tijdje volledig losgeslagen. Vloog bijna elk weekend naar Ibiza of Saint Tropez, met zo weinig mogelijk kleren aan. Ik waande me een popster en ik wás het ook. De wereld lag aan mijn voeten. Je norm van wat normaal is, verandert heel snel. Freddy Mercury vierde zijn verjaardag in Hotel Pikes op Ibiza. Zat hij daar in zijn suite, met een berg coke waar hij amper overheen kon kijken voor zich, en iedereen mocht even op audiëntie komen. Je feliciteerde hem, nam een snuifje en ging vervolgens weer op in het feest."
Snoof je veel?
"De jaren tachtig op Ibiza draaiden om coke. Dat eiland heeft wat dat betreft een slechte invloed op me gehad. Ik ging toen ook goed met regisseur Roman Polański om. Dankzij

de drugs konden we tot zeven uur in de ochtend doorgaan. Ik heb twee keer in mijn leven geblowd en ben twee keer kotsend afgevoerd. Niks voor mij. Het fijne aan coke is dat je na een fles wijn een tikkie neemt en er weer helemaal tegenaan kunt. Wat natuurlijk helemaal uit de hand loopt, omdat je je niet meer realiseert dat je intussen al drie flessen verder bent. Maar ja, er gaan jaren overheen voordat je dat écht door hebt."

Wat weet je nog van die tijd?

"Ik was in die jaren goed bevriend met Steve Strange, een zanger en nachtclubeigenaar uit Londen. Hij zat diep in de Britse jetset, was bevriend met alle leden van Duran Duran en Queen, Boy George, 66 Sputnik. Steve was bovendien nogal verslaafd aan heroïne, maar ik liet hem desondanks bij me intrekken op Ibiza. Met als gevolg dat al mijn juwelen foetsie waren. Steve en ik gingen elke avond samen uit. Hij volledig opgemaakt, ik zo goed als naakt."

Wat droeg je dan?

"Om mijn billen een sjaal, een kralenketting die over mijn borsten viel en heel hoge laarzen. En dan liet ik mijn kapper uit Los Angeles invliegen met een tas vol haarstukken. Zelf vloog ik ook nog regelmatig naar LA, omdat Roger Taylor, de drummer van Queen, me aan zijn minnares had gekoppeld. Zij woonde een tijdje bij mij in huis, omdat Roger niet wilde dat zijn vrouw achter hun verhouding kwam. Dus paste ik op haar. Vervolgens vloog ik weer terug, omdat Duran Duran een feestje gaf.

Het gekke is dat ik me pas realiseerde dat ik met zoveel sterren ben omgegaan toen ik laatst in het vliegtuig de film *Bohemian Rhapsody* zag. Op dat moment drong tot mij door hoe wereldberoemd die gasten destijds waren. Nou neigde ik zelf in die tijd meer naar Bowie en T. Rex dan naar Queen. Bowie was de man voor mij. Na hem kwam een hele tijd niks en dan pas de rest. Ik heb Bowie één keer mogen interviewen en kan me niet herinneren ooit zo nerveus te zijn geweest voor een gesprek. Het was voor het programma *Bingo*, een Vlaams muziekprogramma waar ik destijds een seizoen voor werkte. Het interview vond plaats in het Marriott Hotel in Amsterdam en ik had zorgvuldig gekozen voor een outfit van Azzedine Alaïa: strak zwart, kort, hoge hak, modisch, beeldig. Plotseling hoor ik die stem achter mij: 'Those are the longest legs I have ever seen in my life!' De rest van het interview herinner ik me niet meer zo goed, behalve dat ik wanhopig probeerde goed ingelezen en intelligent over te komen. Op de vraag wat ik die avond ging doen, antwoordde ik quasi-stoer dat ik terugvloog naar Los Angeles, waar ik woonde."

Ging je ook veel uit in Nederland?

"Voor mijn gevoel heb ik de Roxy-tijd nooit heel erg meegemaakt, maar ik schijn er wel regelmatig te zijn geweest. En Manfred Langer, eigenaar van de iT, was een geweldige man, maar had op mij ook een heel slechte invloed. Ik zei weleens dat-ie me even een dagje met rust moest laten, maar als antwoord kreeg ik dan gewoon een glas roze champagne, een shot kruidenbitter en een lijntje. Dus ja, dan heb je er tóch wel weer zin in.

Ik droeg in die tijd ook vaak zo'n riem met allemaal van die kleine flesjes Underberg erin; mijn lever is er nog van aan het bijkomen. En wat de coke betreft: het klinkt als een slap excuus, maar het was toen zo normáál om te snuiven. Iedereen die ik kende, deed het. In de tijd dat ik mijn soloplaat in LA opnam, werkte ik met de blazers van Michael Jackson. Die werden uitbetaald in pakjes cocaïne.

Maar goed, Manfred woonde boven de iT. Dan belde-ie weer: je moet nú komen. Dat die man mijn dood niet is geworden, verbaast me eigenlijk nog steeds. Ik heb Jeroen Pauw er ook weleens zien vertrekken: "Even het nieuws doen!" En vervolgens kwam hij daarna gewoon weer terug. Aan Jeroen zag je het niet, die kon dan gewoon met uitgestreken smoel het *RTL Nieuws* presenteren."

Je had dit al eerder verteld, maar ik heb Jeroen Pauw er inmiddels naar gevraagd, en hij zegt dat het niet waar is.

"Oké, oké. Nou ja: hij ging destijds met Manuëla Kemp, en die lustte er wel pap van."

Had jij het gevoel dat de drugs je iets brachten?

"Ik voelde me zekerder na zo'n lijntje – althans, dat dacht ik. En ik deed het ook vaak uit pure verveling, hoor. Ik herinner me een feest bij kunstenaarsduo Micha Klein en Afke Reijenga thuis. Ik zat met Erwin Olaf in bad, omdat we het er zo erg vonden. Maar in plaats van naar huis te gaan bleven we gewoon zitten en toen om zeven uur 's ochtends de pet rondging zodat er nóg meer coke besteld kon worden, zaten we er nog steeds.

Het verneukeratieve aan drugs is dat je je dag met 24 uur verlengt, maar achteraf absoluut niet meer weet wat je in die uren hebt gedaan. Ik vraag me nu weleens af of ik mijn tijd niet beter had moeten besteden. Ik sportte toen óók veel, trainde bij de dansschool van Lucia Marthas. Ik weet zeker dat dat de reden is dat mijn lichaam er nog zo goed uitziet. Maar tegelijkertijd was er die andere kant. 's Ochtends de Pacha uit rollen, even ergens ontbijten, naar het huis van Roman Polanski, met acht man een pakket coke doen en dóór.

Of met Grace Jones vanuit de iT naar haar suite in Hotel De L'Europe, waar ik in haar badjas met een fles champagne aan mijn mond stond te dansen. Het gaat allemaal nergens over, maar ik had het voor geen goud willen missen."

Had je niks ervan willen missen?

"Nou ja, ik had het nooit willen missen en tegelijkertijd denk ik: *fuckin' hell,* wat heb ik allemaal uitgespookt? Ik heb er ook nog nooit iemand als winnaar uit zien komen, hè. Eric Peute, die kon niet functioneren zonder zijn lijntjes. Hetzelfde gold voor René Muthert. Ik wíst niet eens dat hij gebruikte totdat ik het huis aan de Stadionkade ging leegruimen en overal pakjes coke vond. Ik had het niet door totdat ik het door begon te krijgen – zo is het helaas wel vaker gegaan bij mij.

Vijf jaar lang zorgde René voor me, zette altijd zo attent

verse bloemen in huis neer, maar toen hij na die vijf jaar juridisch aanspraak op mijn geld kon maken, bleken de rekeningen van de bloemist en al die anderen niet te zijn betaald en liet hij mij ervoor opdraaien. Ik moest hem meer dan achtduizend per maand alimentatie betalen. Uiteindelijk heb ik het in één keer afgekocht met een ton. Ook een reden waarom ik nu nog zo hard werk. Binnenkort neem ik dus maar weer een pilot op met Gordon."

* * *

Flarden uit het zoveelste nieuwe leven van Patty Brard, deel 5
Proefopnamen talkshow Patty en Gordon, Baarn

Het is druk voor de deur van het Amsterdamse Lloyd hotel. Er is een roedel BN'ers op weg naar een evenement van stylist Janice en dus ratelt op de stoep het toestel van paparazzifotograaf Edwin Smulders als een machinegeweer, wanneer Patty op deze woensdagmiddag vrijwel gelijktijdig met Estelle Cruijff komt aanlopen.

"Meid, wat ben je dun!" zegt Estelle, terwijl ze met bewonderende blik de taille van Patty opneemt, "je lijkt wel een tochtstrip!"

Binnen zijn nog veel meer oude bekenden, aangevuld met wat gossip-journalisten. Al snel worden de laatste showbizzroddels uitgewisseld. Vandaag is Patricia Paay het onderwerp van gesprek, een van de collega's met wie Patty het ene moment heel dik is en het andere moment juist niet. Op deze woensdagmiddag blijkt de relatie verstoord.

"Ja, ik heb via-via begrepen dat dit schijnt te komen doordat Patricia denkt dat ik haar beruchte plasseksfilmpje als eerste heb verspreid. Daarom is ze nu boos op mij. Maar dat is helemaal niet zo. Ja, ik heb het wel doorgestuurd – wie niet trouwens? – maar zeker niet als eerste. Ik heb haar nog proberen te bellen om het uit te leggen, maar ik had alleen nog een oud nummer van haar. Waarom zou ik haar zwart willen maken? Ik ken haar mijn hele leven al. Vroeger kwam ze vaak naar ons huis, omdat er altijd iets te eten en drinken was. Als ik niet opendeed, klom ze gewoon over het hek. Ik weet nog dat ze bilimplantaten had laten zetten en voor Antoine ging staan. 'Kijk dan, Antoine!' Vervolgens bukte ze voorover en stroopte haar panty naar beneden. Antoine wist niet waar hij kijken moest. Ik zou haar graag willen helpen, want de situatie waarin ze nu zit, gun je niemand. Zowel haar vermogen als haar reputatie is eraan en dan heeft ze ook nog fysieke problemen. Ik zou best iets voor haar willen doen. Geen geld storten, dat heeft geen zin, bovendien zijn er nog genoeg andere oplossingen denkbaar. Maar als zij niet wil, dan houdt het op. Ze zei *Het Perfecte Plaatje* af omdat ze een nieuwe heup moest. Nou, ik had dat programma gedaan, desnoods op heroïne. Effe die portemonnee weer vol. Dat programma heeft mij ook echt goed gedaan. Ze heeft geluk dat Gordon nog steeds voor haar opkomt. Hij helpt haar op allerlei manieren en dat neemt me wel in voor die jongen."

Gordon en Patty hebben veel contact de laatste maanden. "Gisteravond belde hij nog. 'Ik ben helemaal emotioneel omdat ik dat Talpa-contract voor je heb geregeld,' zei hij. Terwijl eerlijk gezegd ook een aantal andere mensen een belangrijke rol hebben gespeeld, maar goed: allemaal bedankt. En daarna liet hij weten dat hij dé oplossing heeft voor de vooravond van SBS6: een dagelijks programma à la Dr. Phil, dat we samen zouden moeten presenteren. Leuk idee. Maar weet je wat het is? Gordon zit niet in de beste fase van zijn leven. Ik ken dat. Beter dan ik zou willen. Maar met mij gaat het nu juist als een raket de goede kant op. Alles is positief om me heen en ik wil dat liever niet te veel laten beïnvloeden door negatieve zaken. Er is ook nog sprake van dat we samen een reisprogramma gaan maken. *Patty en Gordon op Zoek naar de Eeuwige Jeugd*, moet dat gaan heten. Vliegen we samen de hele wereld over om te zien hoe mensen in verschillende culturen omgaan met ouder worden. Enig natuurlijk, bloedvermoeiend ook, maar wel gezellig, met Gordon. We willen graag nog naar Wenen, omdat we allebei gefascineerd zijn door wat keizerin Sissy deed om jong te blijven: die sliep met een leren masker op, met geplette aardbeien eronder. Ik ken ook mensen uit Zwitserland die een keer per jaar hun bloed helemaal laten verversen. Heerlijk lijkt me dat. Heb ik zo'n zin in! Of dat werkt? Natuurlijk werkt dat! Anders zouden die Rolling Stones toch allang dood zijn geweest? Even aan de dialyse: het wordt schoongemaakt en teruggepompt. Niks aan de hand.

Maar wat Gordon betreft: als hij zo doorgaat, haalt -ie de 55 niet. Terwijl ik hem zo de rust gun die hij zoekt, want hij is in de kern een doodgoeie jongen."

In het Lloyd-hotel is het eerste deel van het evenement voorbij. Het is de bedoeling dat het hele gezelschap nu richting AFAS Live gaat voor deel twee van het programma. Maar het merendeel van de BN'ers laat de uitnodiging aan zich voorbijgaan en vertrekt voortijdig richting Amsterdamse binnenstad, omdat Gordon daar vanavond zijn hamburgerrestaurant opent.

"Heb jij zin?" vraagt Estelle, op weg naar haar Porsche Cayenne.

"Nee," zegt Patty, "ik wil naar huis, naar mijn bed."

"Ik ook," zegt Estelle, "maar ja, we hebben geen keus, hè?"

"Nou," zegt Patty, "het is natuurlijk niet zo dat het verplicht is, alleen praat Gordon de komende twintig jaar niet meer met je als je niet komt."

En dus loopt Patty even later in de schaduw van het Van Gogh Museum over de rode loper richting The Burger Room, lacht nog maar eens naar de meegereisde Edwin Smulders en zijn flitsende soortgenoten, wurmt zich langs twee travestieten naar binnen en valt dan vrijwel direct in de armen van Patricia Paay.

Net als in het Nederlandse profvoetbal duren ook in showbizzland de ruzies nooit eeuwig, want daarvoor zijn de wereldjes te klein. Gordon weet dit als geen ander. Wanneer hij vanuit zijn ooghoeken ziet dat Patty en Patricia tegen elkaar aan zijn gebotst, weet hij instinctief dat dit het moment is voor verzoening. Hij wurmt zich tussen zijn gasten door, trekt in het voorbijgaan een paar fotografen mee, pakt Patty en Patricia vast, duwt ze als twee boekensteunen tegen elkaar aan, gaat er zelf snel tussen staan, geeft allebei een knuffel, vraagt aan de fotografen of ze het allemaal scherp hebben of dat het soms even opnieuw moet en geeft daarna voor de zekerheid de beide dames in een zee van flitslicht een tweede knuffel.

Een uur later staan Patty en Patricia nog steeds te praten. Het is dan gegaan over kunstheupen, Angela de Jong, borstimplantaten, televisiedirecteuren, schnabbels, hoge hakken, Gordon, geld of beter gezegd het gebrek daaraan, mannen, *Het Perfecte Plaatje*, nog een keer over Gordon, Talpa, optreden, afvallen, weer over geld, bh's, Luv' en John de Mol. Patricia vertelt een verhaal over een stalker, Patty zegt dat ze de laatste tijd onaangename telefoontjes ontvangt van iemand met een Utrechts accent.

Het zou haar niet verbazen als die te maken hebben met wat ze een tijdje geleden in entertainmentprogramma *6 Inside* zei over de nachtelijke beelden waarop je een ogenschijnlijk beschonken Wesley Sneijder over het dak van een auto ziet wandelen.

Waar ze vroeger nog op de bruiloft van de Sneijdertjes werd uitgenodigd, is de voormalig stervoetballer nu boos. "Volgens mij zijn het de foute vrienden van Wesley die ik af en toe scheldend en tierend aan de lijn heb. Laatst belde er weer zo'n idioot om te vertellen wat hij me allemaal ging aandoen. Toevallig had ik net een stukadoor van twee meter tien in huis, die in zijn vrije tijd op de F-Side staat. Die heb ik even de telefoon gegeven. Toen werd het opeens een kort gesprek."

Zo keuvelen ze nog een tijdje door. De woorden 'filmpje' en 'doorsturen' vallen niet, het woordje 'sorry' ook niet, er wordt niks uitgepraat noch opgelost, en toch staan ze er nu al een tijdje bij als tweelingzussen die elkaar vijftig jaar na een schipbreuk onverwachts weer hebben teruggevonden.

"Patricia is een wereldwijf," zegt Patty, wanneer ze halverwege de avond het feestje is ontvlucht en naar haar auto loopt, "altijd al gezegd."

Zo gaat het met wel meer relaties. Evert Santegoeds is ook zo iemand die al een half leven aan de zijlijn met haar meeloopt, soms als vriend en soms als vijand. De laatste jaren vooral als vijand, na een incident op haar huwelijk rond zijn echtgenoot Robert Halewijn.

Van alle showbizzjournalisten klikt ze al vroeg in haar loopbaan met Santegoeds het best. Hoewel ze ook wakker kan liggen van de vileine zinnetjes die met grote regelmaat zijn pen verlaten, is ze doorgaans ook weerloos tegen zijn tongue-in-cheek humor. Ze waardeert het dat hij in de berichtgeving rond haar financiële ondergang de naam van curator M.C. Udink telkens opzettelijk verbastert tot W.C. Udink, net zolang tot de man zijn officiële brieven gaat ondertekenen met Marc C. Udink. Ze vindt het zelfs niet erg wanneer hij haar zoveelste aankondiging van een verloving samenvat in een typische Santegoeds-zin: *nog één ring erbij en Patty Brard heeft er meer dan de Olympische Spelen.*

Al snel laat ze Santegoeds steeds meer in haar leven toe. Hij is een van de eersten die ze belt nadat ze in een Haags herenhuis bij curator Udink is aangeschoven voor een eerste kennismaking. En hem, diep beledigd, vertelt hoe de curator een minzame blik had laten glijden over haar geleende Thierry Mugler-pakje, om vervolgens het gesprek te openen met de zin: 'U kunt dat bovenste knoopje wel dichtdoen, mevrouw Brard, dat gaat u hier niet helpen.'

Santegoeds en zijn collega's zijn dol op het verschijnsel Patty Brard, want elk vleugje glamour dat de Hollandse spruitjeslucht weet te verdrijven wordt door hen in grote dankbaarheid ontvangen. De fotografen weten helemaal niet wat ze meemaken als ze erachter komen dat ze op zaterdagavond maar naar de Amsterdamse Regulierdwarsstraat hoeven te rijden, om hun droomonderwerp in een minkmantel en behangen met juwelen van bar naar bar te zien paraderen, soms in het gezelschap van Boy George en dan weer van Barry Hay. Patty Brard zag er volgens Evert Santegoeds destijds uit alsof ze rechtstreeks uit de Franse *Vogue* kwam gestapt. Zo ziet tout Amsterdam haar een tijdje in een sabelbontjas rondlopen, kerstcadeautje van Carlo en aan het faillissement ontsnapt doordat hij een tijdje in het geheim in de koeling van bonthandel Fred van Wordragen wordt opgeborgen, en later bij de moeder van Robert Halewijn. Daar wordt weliswaar op een dag ingebroken, maar de dieven zien de jas over het hoofd.

"Sabel; daarbij vergeleken is mink een kartonnen doos," zegt Robert Halewijn een keer. "Ik weet nog dat mevrouw Heineken réépjes sabel aan het sparen was voor zo'n bontjas. En Patty kreeg 'm gewoon op haar dertigste al onder de kerstboom."

Ook Evert Santegoeds is de jas nooit meer vergeten. "Zo ongeveer het enige wat ze nog had na haar faillissement," zegt hij daarover. "Op het adres waar ze destijds woonde was de verwarming kapot: toen sliep ze een tijdje onder die jas. Maar op een avond gaan we iets drinken, legt zij die jas op de sigarettenautomaat, vertrekt naar het toilet – misschien moest ze plassen – komt terug, en sabelbontjas weg. Die kostte in 1983 al anderhalve ton, in guldens. Robert heeft er een week om gehuild, maar zij blockt zoiets meteen."

Ook na veertig jaar nauwkeurige bestudering is er nog geen einde gekomen aan zijn fascinatie voor de unieke persoonlijkheid van het verschijnsel Brard. "Er is in mijn ogen geen tweede Patty. Neem alleen al het feit dat ze altijd aansluiting heeft gehouden bij een jong publiek. Ook nu nog vinden ze haar een gek wijf. Meisjes zouden willen dat ze zo'n moeder hadden. Maar als het daadwerkelijk je moeder is, is dat kennelijk anders. Dat is natuurlijk het zure van het verhaal. Ze loopt vaak op dingen vooruit. Ze ziet snel als eerste de trends. Dat hele Extreem-gebeuren bijvoorbeeld, komt van haar. 'Ik ga extreem': dat zei niemand in die tijd. Zij was ook de eerste die met een blad kwam dat naar haarzelf was genoemd. Dat was lang voor Oprah Winfrey en Linda de Mol dat deden.

We hebben veel meegemaakt samen. Ik kan me nog herinneren dat we tijdens het faillissement een feest voor haar 39ste verjaardag organiseerden, samen met Manfred Langer. Dat was geweldig en heeft haar echt geholpen eroverheen te komen. Op haar 40ste verjaardag waren we trouwens niet meer welkom, maar die 39ste hadden we leuk geregeld. Zo ging het altijd met haar. Het ene jaar organiseerde je de boel en was je haar beste vriend, maar als je het jaar daarna niet meer welkom was, moest je ook niet opkijken."

Het eerste artikel dat Santegoeds met haar maakt, wordt geplaatst in 1985. Het komt tot de lezers vanuit de Oesterbar in Amsterdam en zet de toon voor de ontelbare pagina's die hij later nog zal afscheiden over het fenomeen Brard. Het is spectaculair, openhartig en een tikje ordinair en vertelt over twee pagina's in geuren en kleuren hoe Patty zich in een restaurant beledigd voelde door een stel dat daar net hun 26-jarige huwelijksdag aan het vieren was, hoe een vechtpartij ontstond waarbij Carlo de man rakelings langs het aquarium tegen een spiegel smeet en hoe Patty schreeuwend en krijsend en met succes eiste dat de verbouwereerde zakenman en zijn vrouw de zaak uit zou worden gezet. De jonge Santegoeds doet er in *Privé* op opgewonden toon verslag van:

'Ik wist niet wat me overkwam,' zegt de Superslager, nog met de schrik in zijn benen. 'Ik ben met de dood bedreigd, mijn vrouw Mary werd door Patty Brard uitgemaakt voor hoer, ik werd beetgepakt en tegen een spiegel gesmeten. En de Italiaanse ober koos uiteindelijk partij voor háár. Ik kon mijn biezen pakken en stond, voordat ik het in de gaten had, met mijn huwelijkscadeau weer buiten. Het is niet te geloven...'

Geheel tegen de traditie van het vak in doet Santegoeds aan wederhoor en laat ook de ster aan het woord. Patty Brard zegt dan onder meer: *"Heel lang heb ik het getreiter van die mensen geslikt en, wat ik altijd doe, mijn mond gehouden. Maar langzaam voelde ik mijn bloed gaan koken. Ik kon me niet meer beheersen. Eens per jaar trekt er een rode waas voor mijn ogen en dat was nu toevallig in dit restaurant. 'Dit pik ik niet langer,' dacht ik ineens."*

De zakenman wordt met een gescheurd colbertje en een bloedende elleboog buiten de deur gezet. Santegoeds heeft zijn eerste van vele verhalen met Patty Brard. Als kop zet hij boven het stuk:

Directeur: *Patty Brard verpestte ons huwelijksfeest - ruzie en klappen in Amsterdams restaurant.*

Maar inmiddels hebben ze dus, niet voor het eerst, zelf al een jaar of vier ruzie. Over het hoe en wat zegt Patty: "Robert was onze *wedding planner*, maar dat is helaas geen groot succes geworden. Hij deed allemaal rare dingen, nodigde bijvoorbeeld zijn eigen familie ook bij ons huwelijk uit. Mensen die wij nog nooit hadden ontmoet. Vier dagen voor de plechtigheid distantieerde hij zich ineens van ons en heeft hij Evert verboden nog over mij te schrijven. Voor ons zou het een groot probleem zijn als Robert niet kwam, omdat hij ook een van de getuigen was. Op het laatste moment is hij alsnog komen opdraven, maar daarna heb ik zijn naam uit ons officiële huwelijksboekje laten verwijderen. Sindsdien werd ik geboycot door Evert."

Maar dat lijkt nu allemaal voorbij of bijna voorbij. Robert heeft veel contact met Priscilla en houdt Patty summier op de hoogte van haar gemoedstoestand. Er is zelfs al een afspraak gepland voor een *wiedergutmachungsdiner*, met Evert erbij. En daar komt het ook van, getuige de foto die Patty op Instagram post van het ogenschijnlijk gezellige etentje met Antoine, Evert en Robert. Als ze er de volgende morgen per Whatsapp verslag van doet, is de toon opgelucht.

Patty 09:23:
Het is goed zo! Geen ruzie, nergens over gesproken, gewoon de draad weer opgepakt! Evert blijft grappig! Robert nog steeds druk met Priscilla.

Heb expres die foto gepost van Antoine en mij met Evert en Robert zodat ze weet dat wij elkaar weer zien!

* * *

Wat hoop je dat de reactie van Priscilla zal zijn?
"Robert is een constante factor in het leven van Prisciel gebleven, hij heeft altijd geprobeerd contact met haar te blijven houden. Wellicht helpt het haar over een drempel als ze weet dat zij mij ook weer in de armen hebben gesloten."
Je vertelde eerder hoe jouw vader vroeger alles afdeed met 'láát maar'. Jij gaat zelf na vijf jaar geen contact met Evert en Robert ook gewoon weer verder waar jullie ooit zijn geëindigd, zonder er nog een woord aan vuil te maken.
"Mijn vader bedekte alles met de mantel der liefde, ik niet. Alleen: iedereen aan tafel had z'n eigen waarheid. Als we die allemaal met elkaar zouden delen, was de avond alsnog in ruzie geëindigd. Dus als je verder wilt met elkaar, zal je moeten besluiten dat als je er tóén al niet uitkwam, het dus nu ook beter kunt laten rusten. Dan kun je beter een nieuwe start maken.

Als Prisciel hier ooit op de stoep staat, doe ik het met haar net zo. Vergeten wat er is gebeurd en met een schone lei opnieuw beginnen. Vroeger werd ik er altijd van beticht een ruziezoeker te zijn. Maar het was gewoon mijn rechtvaardigheidsgevoel dat opspeelde. Ik kon er niet tegen dat dingen anders zaten dan ze werden voorgespiegeld. Nu ben ik daar milder in geworden. Lááát maar – en door!"

Maar het is toch wel zo dat veel van jouw vriendschappen in ruzie zijn geëindigd?

"Nou ja, misschien meer dan bij anderen, inderdaad. Ik was wel licht ontvlambaar. Dat ik vroeger ook nog weleens onder invloed was, zal niet geholpen hebben. Als je jong bent en gif in je lijf hebt, of dat nou alcohol is of drugs, reageer je anders. Dan breek je meteen radicaal met iemand. Sober zijn helpt, ouder worden ook."

* * *

Op een warme woensdagmiddag is Patty op weg naar de opnamestudio in Baarn voor de pilot van een programma dat Gordon 'zijn droom' noemt: de Nederlandse variant op *Dr. Phil*, samen met Patty. Hij is er al weken vol van. "Gisteren appte hij, uit het niets: 'Ik ben verliefd op jou, ik hou van jou', dat soort teksten. Ja, bij Talpa is nu de vlag uit, daar zeggen ze: de enige naar wie Gordon luistert, is Patty."

Voordat ze haar auto op slot doet en het parkeerterrein verlaat, perst ze er nog een glimlach uit. Dat is voorlopig even de laatste keer, want eenmaal binnen maakt ze voor het eerst in maanden een terneergeslagen indruk. Ze heeft de afgelopen periode veel gehuild, zegt ze, en ze voelt aan haar lichaam dat ze tegen een limiet aanzit. De problemen in haar familie beginnen hun tol te eisen en dan zijn er ook nog spanningen rondom de geplande theatertour. Er zijn weliswaar al veertig schouwburgen die haar komst hebben aangekondigd, maar over het script dat ze toegestuurd kreeg, is ze in toenemende mate ontevreden.

De masseur die ze met steeds grotere regelmaat thuis laat opdraven, moest de afgelopen weken dan ook elke keer meer kracht zetten om nog enige beweging in haar nekspieren te krijgen. "Ik heb gewoon galbulten van de stress en de vermoeidheid," zegt ze in de verder lege kleedkamer. "Ik heb een klotetijd achter de rug. Ik heb lang nagedacht over de problemen omtrent mijn ouders, over de toestanden die me te wachten staan als we een juridische oorlog met mijn zus ontketenen. Ik betwijfel opeens of ik het nog kan opbrengen om wéér zo'n strijd aan te gaan. Ik wil eigenlijk niet wéér in al die negativiteit worden teruggezogen. Ik ga nu net lekker. Het is niet te geloven wat er om me heen gebeurt. Als ik boodschappen aan het doen ben, sta ik een kwartier met wildvreemden voor selfies te poseren tussen die potten Nutella. Op werkgebied gaat het als een speer. Ik heb net met Sebastiaan Spaan van Talpa een programma besproken over oudjes die niet meer willen. Hij zei: 'Ik wil dat jij, met je eeuwige tomeloze energie, aan ze gaat uitleggen dat ze nog wél moeten willen. Even een zetje in de goede richting geven.'

Énig. Bij de koffietafel in de supermarkt zag ik de eerste twee kandidaten al zitten. Twee keer per dag komen ze er koffiedrinken. En ze willen maar één ding: dood. Dat zijn mooie programma's om te maken, daar heb ik gelijk zin in. Dan ga ik me toch niet laten tegenhouden door een oorlog over een erfenis? Mijn broer is woedend. Hij voelt zich natuurlijk in de steek gelaten door mijn twijfels en misschien heeft hij daar ook wel gelijk in. Maar ik wil het niet meer. Hetzelfde geldt voor mijn dochter. Ik kan er toch niet mijn hele leven als een geslagen hond bij gaan zitten? Kom op. Je kunt toch niet eeuwig boos op me blijven? Hoe oud ben je nu? 38? 39 jaar? Zoiets? Weet ik veel..."

Dan gaat de deur open.

Gordon arriveert.

Hij vertelt over een vrouw die hij net heeft ontmoet en die straks in het publiek zal zitten.

"Je moet haar echt even zien Pat, die mevrouw heeft drie longen."

"Drie longen? Hoe kan dat nou?"

"Ja, dat is een long verhaal."

Hij is amper de drempel over of zijn lach giert al als een luchtalarm door de lege gangen van het studiocomplex. Maar ook hij wordt daarna vrij snel serieus en vertelt dat dit voorlopig zijn laatste tv-klus is. Niemand weet het nog, maar maandag vliegt hij first class naar Zuid-Afrika om zich daar in een exclusieve privékliniek te laten behandelen tegen zijn cocaïne- en alcoholverslaving. "Het is een prachtige kliniek, met een heel toepasselijke naam: White River. Het is er top. Er komen alleen maar filmsterren, artiesten, grote ceo's. Ik heb voor de zekerheid vrijwel de hele kliniek afgehuurd. Op twee andere mensen na, allebei internationale zakenmannen, is er helemaal niemand. Ik wil het grondig aanpakken. Het is tijd. Ik ben er klaar mee. Over een maand kom ik terug, als het goed is helemaal fris en schoon. Ik verheug me er nu al op."

Gordon is zijn hele leven lang al een heerlijk vat vol tegenstrijdigheden en dus is het niet gek dat hij nu hier – om halftwee 's middags in Baarn – een glas witte wijn binnen handbereik heeft staan, terwijl hij net aan het vertellen is dat hij zich wil laten opnemen in een afkickkliniek.

"Dat heb ik gewoon effe nodig," zegt hij tegen Patty, wanneer hij haar naar zijn glas ziet kijken en haar afkeurende blik ontmoet. "Effe loskomen."

"Nee, dat heb je helemaal niet nodig," zegt Patty. "Dat denk je alleen maar."

* * *

Had jouw drugsgebruik invloed op je carrière?

"Nou, je krijgt natuurlijk wel een naam. Terwijl je zelf nog vindt dat je goed functioneert ook. Ik vond het raar dat anderen weleens zeiden dat ik er niet goed uitzag. Ik bén er toch?, denk je dan. Ik bleef in die tijd ook vaak bij mensen slapen, omdat ik geen taxi durfde te nemen. Bang dat de chauffeur me zou herkennen en dat het dan uitlekte."

Ging het ook weleens mis?

"In *Absolutely Patty* had ik Robbie Williams te gast. Vooraf wilde hij een foto van me zien voordat hij besloot of hij zou komen. De productiemaatschappij stuurde een *Playboy* op. Uiteindelijk werd Paradiso afgehuurd, waar Robbie speciaal voor mij en Priscilla *Angels* zong. Alleen was ik zo nerveus geweest dat ik alvast twee kalmerende tabletten met een halve fles champagne had weggeslikt. Toen ik hem moest interviewen, kwam ik niet meer uit mijn woorden. Het ging zo slecht dat Robbie is opgestapt. 'Hier kan ik niets mee,' zei-ie. Ik heb dat altijd afgeschoven op zijn sterallures, maar ik was natuurlijk degene die zo nodig een paar valium en een fles Moët moest wegtikken. De productiemaatschappij was woedend, en ik gaf iedereen de schuld behalve mezelf. Het is altijd de schuld van een ander, hè."

Priscilla wist ongetwijfeld ook dat je iets te gek was op drank en drugs. Toen jullie op de Stadionkade woonden, lag zij boven op bed, terwijl het beneden avond aan avond feest was.

"Achteraf vermoed ik dat dat ook een van de redenen is waarom ze afstand heeft genomen. Als je moeder zo rock-'n-roll is... Eerst dat faillissement, daarna weer de goot in met die drugs."

Het maakt meer kapot dan je lief is.

"Natuurlijk. Ik heb niet het beste voorbeeld gegeven. En Prisciel is vervolgens ook een wilde aap geworden. Die Stadionkade was een dodelijk punt om te wonen. Zo centraal gelegen dat als alles dicht was, iedereen naar mij toe kwam. 'Is er nog wodka?' 'Heb je nog een lijntje?' Ik was altijd open. Maar ja, zij moest de volgende dag gewoon naar school.

We maakten destijds een talkshow vanuit dat huis, *Absolutely Patty.* De regiewagen stond voor de deur, alle kabels liepen over de trap omhoog. Tilden we net zo makkelijk het raam eruit om de piano van Jan Vayne naar binnen te kunnen takelen. En na de opnamen bleef iedereen hangen. Janis Ian die nog een keer voor mij *At Seventeen* zong. Penny McLean. Fabiola, het levende kunstwerk. Divine, van *Shoot Your Shot.* Samantha Fox, die zodra ze binnenkwam meteen vroeg waar de coke lag. Iedereen wilde in mijn show – maar ja, dat ging natuurlijk niet op gemberthee. En je zoekt de mensen er ook op uit, denk ik.

Het was trouwens qua drugs wel een andere tijd dan nu, hè? Daar moest ik meteen aan denken toen ik laatst een meisje zag in een aflevering van het programma *Verslaafd.* Wat dat kind allemaal slikte! Ik wist niet eens van het bestaan af. Een middel dat je krijgt tijdens chemotherapieën: dat gebruiken mensen vervolgens gewoon als een drug. Ik zag poeders in alle kleuren van de regenboog voorbijkomen, morfinetabletten, kalmeringsmiddelen, pijnstillers, oxycodon: en allemaal via dat internet te verkrijgen.

Vroeger was het eigenlijk best overzichtelijk: je had de keuze uit alcohol, wiet en coke. Van de heroïne bleef je weg, want daar kwam je nooit meer van af. Maar verder? Als je dronken was, nam je een lijn coke en werd je weer nuchter. Het enige jammere was dat je vervolgens weer begon met drinken tot je de volgende lijn nam, et cetera. Maar goed, dan was je na twee dagen wel weer het meissie. Maar ik wil het niet bagatelliseren, want ik had er natuurlijk veel eerder mee moeten ophouden. Al dat gezuip en gesnuif is zó zonde van je tijd."

Weet je nog wanneer je voor het eerst coke gebruikte?

"Dat was in de Can Can, een club in Amsterdam. Het scherpe gevoel alsof je in één keer zes bakken koffie hebt gedronken. Heel lekker. Het beloningsmechanisme is ook altijd een dingetje voor mij geweest – *Ik heb zo hard gewerkt dat ik nu wel een fles wijn en een snuif mag*. Ik gebruikte sowieso pas nadat ik had gedronken. Dus als ik op een kutfeest stond, nam ik een snuif en was het ineens een topfeest. Slaat natuurlijk nergens op."

Antoine lijkt me geen snuiver.

"Nee. Hij is wat betreft gezond leven uiteindelijk een heel goede invloed op mij geweest. Maar het duurde even tot ik daaraan toe was. Toen we elkaar net hadden ontmoet, moest ik een feest presenteren in Bloemendaal, voor Erwin Olaf. Bij binnenkomst kreeg iedere artiest een pakket coke – alsof het consumptiebonnen waren. In de kleedkamer stonden pornosterren alvast hun lul stijf te trekken. En ik strooide de coke rond alsof het meel was. Antoine kwam naar me toe, hij had nog nooit in zijn leven gesnoven. Maar hij wilde het ook weleens proberen. Dus ik geef hem dat hele pakket. Vijf minuten later hoorde ik dat hij niet lekker was geworden. Mijn vriendin Lucie en ik legden hem op de Stadionkade in bed – helemaal strak stond-ie. Ik schonk een wodkaatje in tegen de schrik, en Lucie vond dat we er ook maar een lijntje bij moesten nemen. 'Waar is dat pakket?' vraag ik aan Antoine. Pakkét? Had-ie gedacht dat dat één lijntje was!"

Dus hij had in één keer een paar gram cocaïne opgesnoven?

"Ja. Het is aan zijn fitte lijf te danken dat-ie niet meteen een hartklap heeft gekregen."

Wat jullie levensstijl betreft waren Antoine en jij niet bepaald een match.

"Nee. Hij kon er helemaal niet tegen. Dus dat rock-'n-roll-achtige is er bij mij langzaam uit gesleten, al verviel ik heus nog weleens in mijn oude gedrag. Maar op een gegeven moment wist ik: als ik aan een toekomst met deze man wil bouwen, moet ik me gaan inhouden. Toen is mijn nieuwe leven begonnen."

***

Flarden uit het zoveelste nieuwe leven van Patty Brard, deel 6
De A4 tussen Leiden en Amsterdam, een koffiepauze op weg naar huis

Sinds haar gastric bypass is Patty Brard een magneet voor iedere willekeurige voorbijganger met overgewicht. Ook nu, op de terugweg van een lange draaidag in Zeeland, is het weer zo ver.

"Ik moet iets zoets hebben," zegt ze achter het stuur van haar BMW. "Een Twix ofzo. Ik doe een moord voor een Twix. Twee hapjes, dat is genoeg. En een cappuccino. Zullen we bij het eerstvolgende tankstation even stoppen?"

Daarna vertelt ze over de opluchting die ze voelt, nu ze haar *one woman show* heeft afgeblazen. Officieel omdat er met haar nieuwe tv-contract een berg onvoorzien werk op haar pad is gekomen, wat ook zo is, en officieus omdat ze teleurgesteld is in het script. Het bekoelt de relatie tussen haar en producent Tijl Beckand aanzienlijk, vooral als ze de factuur ziet voor de gemaakte kosten, maar dat lijkt inmiddels een gesloten boek. "Ik kan mezelf achteraf wel voor mijn kop slaan dat ik niet met Richard Groenendijk in zee ben gegaan, die past veel beter bij mij, maar ik heb toch maar aangeboden een deel te betalen. Niet omdat ik het ermee eens ben, maar om er klaar mee te zijn. Wil je geld? Hier heb je je geld. Klaar ermee. En door."

Even later. De vrouw achter de toonbank van het tankstation komt de koffie zelf bij Patty's tafeltje brengen. Dat heeft een reden. Ze wil haar graag even iets in het oor fluisteren.

"Patty?"

"Ja?"

"Ik heb dezelfde ingreep ondergaan als jij. Dat wilde ik even zeggen."

Ze wil gelijk weer weglopen, maar Patty Brard behoort

tot het soort presentatoren dat ook zonder draaiende camera betrokkenheid bij een medemens kan tonen. Zeker wanneer die vervolgens op fluistertoon vertelt dat ze 102 kilo is afgevallen.

"Mijn God! 102 kilo! Maar hoeveel woog je dan, lieverd?"

"170. De dokter zei dat ik er iets aan moest gaan doen, omdat ik anders de 35 jaar niet zou halen."

"En hoe oud was je toen?"

"34."

"Jezus."

"Ja. Dus toen heb ik ook een gastric bypass laten doen. Ook mede dankzij jou. Jij was mijn voorbeeld."

"En?"

"Het heeft mijn leven veranderd. Ik zou nooit meer anders willen."

"Goed zo, schat. Ik ben trots op je."

"Dankjewel."

"Gaan we samen op de foto, lieverd?"

"Graag Patty."

Even later, in de auto op weg naar huis, is ze lange tijd stil. Dan zegt ze: "Dit zijn mijn mensen. Natuurlijk heb ik een groot deel van mijn leven een hang naar glamour gehad, dat zal ik niet ontkennen. Maar hier hou ik toch het meest van. Gewone mensen. Of 'gewoon'? Nee, ik bedoel: échte mensen."

* * *

Wanneer kreeg jij problemen met je gewicht?
"Rond mijn veertigste. Dat was ook iets hormonaals. Maar verder zit aankomen meer in wat je eet dan in hoeveel je beweegt. Ik zat nooit vol en at dezelfde porties als Antoine, terwijl wij met minder toe kunnen. Als je erover nadenkt is het eigenlijk best gek dat vrouwen in restaurants dezelfde porties krijgen als mannen."
Je maakte in het openbaar vaak zelf grappen over je omvang.
"Achteraf vind ik dat zó dom. Altijd maar die rotgrappen over mijn formaat. Het is natuurlijk in wezen heel triest: je bent zo bang dat een ander er iets over zal zeggen dat je ze probeert vóór te zijn door jezelf al belachelijk te maken. Die grappen waren een vorm van zelfbescherming, ook omdat mensen maar aannemen dat je overal wel tegen kunt. Ik herinner me hoe *Party* een foto publiceerde van Gerard Joling, Ruben van der Meer en mij, samen op Curaçao. 'Dikker dan ooit', stond erboven. Dat sloeg dus op mij, terwijl niemand het over die blote buik van Ruben had. Zulke dingen deden gewoon ontzettend veel pijn. Ja, ik zag er altijd goed verzorgd uit – handjes en voetjes gedaan, haar en huid top – maar ja: ik had óók maat 44. En kennelijk mag iedereen daar dan iets van zeggen."
Wanneer besloot je er iets aan te doen?
"Na de kerst van 2017 voelde ik: nu is het klaar. Ik had weer alleen maar lopen zuipen en vreten en paste intussen niets meer. Tijdens het oud en nieuw-feest ging iedereen in stijlvol zwart gekleed, maar ik droeg een roze tuniek, omdat dat het enige was dat me nog paste.

Het was in de periode dat Karin de Groot van SBS had gezegd dat ik niet meer 'fris en fruitig' genoeg was en Antoine en ik plannen maakten om ons definitief op Ibiza te vestigen, waar ik huizen zou gaan inrichten, in plaats van nog langer televisie te maken. Daar wilde ik ook de tijd nemen om uit te vinden hoe het nou kwam dat ik altijd zo moe was, en zo vet. Inmiddels woog ik 97,9 kilo bij 1 meter 72 en was ik doodsbang voor het moment dat ik de 100 zou aantikken. Ik sportte me weliswaar het lazarus, maar ik was ook de lekkerbek die bij het opstaan al aan spaghetti bolognese dacht."

Je ging aanvankelijk voor een maagballon.

"Op Ibiza hebben veel vriendinnen er eentje. Ze vliegen er allemaal voor naar dokter Peters in Marbella. Die heeft een topkliniek, waar je met je helikopter kunt landen. Van mijn vriendinnen had ik gehoord dat het ontiegelijk veel pijn doet als je wakker wordt, maar ik voelde niks. Dat was dus omdat die ballon er niet in zat: de opening naar mijn slokdarm was te groot, waardoor-ie er niet in kon. Volgens dokter Peters was er maar één oplossing: een gastric bypass. Die zou me niet alleen van het overgewicht, maar ook van mijn beginnende suiker, reflux-problemen en hernia af helpen."

Je koos ervoor om naar een arts in België te gaan.

"Naar dokter Van Der Fraenen, in Aalst, een obesitas-specialist. In Nederland kon ik niet terecht, omdat ik niet dik genoeg was. Hier moet je een BMI van 35 hebben, de mijne was 31. Bovendien moet je eerst een jaar therapie ondergaan voordat je in aanmerking komt. Nou, daar heb ik het geduld niet voor. Al denk ik achteraf: misschien is het toch beter als iemand je van tevoren duidelijk uitlegt hoe radicaal je leven erdoor verandert."

Op welke manier?

"Als ik van tevoren had geweten dat ik moest gaan leven zoals ik nu doe, had ik het misschien niet gedaan. Ik ben wel blíj dat ik die gastric bypass heb, maar ik zou het tegelijkertijd niemand aanraden. Alleen al omdat je er de héle dag over moet nadenken. Ik kan bijvoorbeeld niet meer iets eten en tegelijkertijd iets drinken. En je moet om de twee uur iets nemen. Als je te weinig eet, word je beroerd. Dus ik heb altijd Liga's en proteïne-shakes bij me.

Nog een nadeel: de zin in eten verdwijnt niet met die operatie. Ik heb nog steeds heel vaak trek. Dus dan zit je bij een diner waar iedereen lekker aan het eten is, en kun jij niets meer nemen, terwijl je wel wilt. Laatst vloog ik naar Thailand in de businessclass en vroeg ik me ineens af hoe ik die dertien uur moest doorkomen. Normaal gesproken deed ik dat door te eten en drinken. Die mindset moet je dus doorbreken.

Want als je toch iets neemt terwijl je voelt dat het eigenlijk niet kan, zorgt je lichaam er wel voor dat je vreselijk veel spijt krijgt."

De beruchte 'dumpings'.

"De grootst mogelijke geïmplanteerde stok achter de deur die er is. Zodra je te veel eet, moet je wachten tot het ervanonder uit komt. Je kunt het niet eens uitkotsen, omdat het niet meer terug kan. Dus moet je op je linkerzij gaan liggen, in foetushouding, om ervoor te zorgen dat het zakt. En intussen word je ziek van de pijn."

Maar zo'n dumping betekent dat je de boel letterlijk meteen dumpt?

"Ja. En dat is geen pretje, hoor. Iedereen met een gastric bypass heeft het moment meegemaakt dat je het niet kunt tegenhouden dat je je hele broek vol kakt. Ik heb dat in mijn auto gehad. Nou, daar word je echt niet blij van, kan ik je vertellen.

De eerste dumping was na een detox-shake in mijn vaste ontbijttentje op Ibiza. Heb ik een halfuur op de wc gezeten, terwijl het zweet uit mijn lijf gutste. En nog veel andere dingen ook. Je moet dan echt blijven zitten totdat álles eruit is. Toen ik eraf kwam, zág ik iedereen kijken. Ik weet zeker dat ze dachten dat ik aan de heroïne zat."

Het is niet bepaald een goedkope ingreep.

"Nee, je bent zo acht ruggen verder. Een dag voor de operatie kwam ik Linda de Mol tegen. Toen ik haar erover vertelde, vroeg ze meteen of ik dat bedrag niet wilde terugverdienen door er voor *LINDA.tv* een programma over te maken. Daar kijk ik met trots op terug, omdat ik heb kunnen uitleggen dat zo'n bypass inderdaad goed werkt om af te vallen, maar dat het tegelijkertijd mentaal heel zwaar is en er risico's aan kleven."

Wat raad je mensen aan die ook een gastric bypass overwegen?

"Vraag je heel goed af wat het je waard is. Mij was afvallen en mijn gezondheid terugkrijgen alles waard. Maar als dat niet zo is, als je je sociale leven met een lekker hapje en een drankje niet kunt missen: begin er dan in godsnaam niet aan."

* * *

En dan is het even twee maanden stil. Tussen half oktober en half december 2019 zit Patty óf samen met Gordon in een vliegtuig richting een verre bestemming, óf ligt thuis in bed om daarvan bij te komen.

Het was in eerste instantie haar voorstel om de hele reis en alle afleveringen van *Patty en Gordon op zoek naar de Eeuwige Jeugd* in één keer te doen: één lange, krankzinnige, hallucinerende, once-in-a-lifetime roadtrip met een complete cameraploeg en een afkickende medepresentator, te beginnen in Oekraïne, en dan in één ruk via Thailand, Taiwan, Japan en nog wat landen naar eindbestemming India. Maar dat zag haar reisgenoot niet zitten. Hij kon zijn zakelijke beslommeringen niet zo lang ongemoeid laten voor een tv-programma. Vaak zat er dus een week tussen elke trip, die door Patty grotendeels werd gebruikt om te slapen en op te laden voor het volgende avontuur.

Gelukkig wordt er wel comfortabel gereisd. Een van de eisen van Gordon was dat hij en Patty zouden vliegen zoals hij altijd vliegt, naar welke eindbestemming dan ook: als VIP.

Toen Talpa dat weigerde te betalen, betaalde hij het zelf. Dat blijkt ook uit de app-wisseling tussen de twee.

17:43 Gordon: Vip service voor ons geregeld
17:43 Patty: Jij bent me d'r ook eentje!
17:43 Gordon: Weleens gedaan?
17:43 Patty: Nee, natuurlijk niet!
17:43 Gordon: Ik al drie jaar niet meer anders. Via Vip centre met KLM. Nooit meer in de rij. Alsof je met privéjet vliegt.
17:44 Patty: Ik ben net op 't niveau Privium beland.
17:44 Gordon: Limo naar het vliegtuig. Ik leer het je allemaal schat.

En inderdaad: op de dag van vertrek hoeft Patty zich alleen maar bij de speciale VIP-lounge op Schiphol te melden, ver weg van de massa, of ze wordt daar met een verse cappuccino in een fauteuil gezet en gevraagd of ze soms gebruik wil maken van de spa, haar nagels wil laten doen of een massage wil ondergaan dan wel een verse fruitsalade of een smoothie wil laten bereiden, terwijl een hostess erop toeziet dat de marechaussee naar Patty komt in plaats van andersom. En verder dat ze niet te veel zal worden gestoord door futiliteiten als veiligheidschecks of bagage-inspecties. Even later worden Gordon en zij door een privéchauffeur begeleid naar de gereedstaande limousine aan de rand van de startbaan, zodat ze ook de laatste paar honderd meter naar de trap van het vliegtuig op comfortabele wijze afleggen, alwaar ze door het cabinepersoneel worden verwelkomd met een onderdanigheid die je eerder bij een communistische leider of de koning van Thailand verwacht, maar niet bij twee giechelende televisiepresentatoren. Aan boord is het al snel gezellig, want Gordon staat ook zonder drugs de hele dag aan. Hij noemt KLM standaard de Gay-LM, informeert met een bloedserieus gezicht bij een stewardess waar de Mind Your Own Business-class is en als ze dan eindelijk zitten, voor een Insta-foto proosten met een glas koude champagne en Patty vertelt dat ze een lucratieve reclamedeal heeft gesloten met Kruidvat, zegt Gordon: "Gefeliciteerd. Ze zochten bij Kruidvat zeker iemand met een kort lontje?"

Zo, gierend van de lach en met een zee van beenruimte, zweven ze even later richting het Wilde Oosten, op zoek naar het geheim van de eeuwige jeugd.

Oekraïne is de eerste van een lange rij bestemmingen, steeds verder weg. Gelukkig stuurt Patty onregelmatig appjes vanuit allerlei uithoeken op de aardbol, waardoor alsnog een beeld ontstaat van wat zij en Gordon aan het uitspoken zijn. De berichten zijn zonder uitzondering vrolijk van toon, grappig en soms licht cynisch. Vrijwel allemaal worden ze begeleid door een rits uitbundige emoji's en soms zitten er ook foto's en filmpjes bij. Ze komen uit alle vier de windstreken, maar hebben stuk voor stuk één ding gemeen: de activiteiten die worden beschreven hebben allemaal de typische SBS6-signatuur.

Foto 1, Oekraïne

Patty ligt in badpak en met badmuts vastgebonden op een brancard die langzaam in een bassin met donkergroen water wordt getakeld. Naast haar is Gordon al half onder water. Hij trekt het gezicht dat hij vroeger altijd trok wanneer hij om zes uur 's ochtends zijn bed uit moest om samen met Gerard Joling ergens een varkensstal uit te mesten. 'Net een radioactief bad gehad,' bericht Patty. 'En dadelijk krijg ik een mini facelift met bloedzuigers op m'n gezicht.'

Foto 2, Oekraïne

Er is iets misgegaan met de bloedzuiger mini-facelift. De bloedzuiger achter haar rechteroor is iets te enthousiast te werk gegaan. Patty heeft daar nu een dikke, zwaar doorbloede bandage zitten. De foto die ze doorstuurt lijkt wel een poster voor de nieuwste Quentin Tarantino-film. 'Zo voelt het ook,' appt ze. 'Het stroomt eruit! Gordon loopt ook met een luier vol bloed op zijn buik...'

Maar een dag later is de stemming alweer heel anders.

'Zo glad als een aal wakker geworden... kom maar op met die bloedzuigers in Nederland!'

Foto 3, Oekraïne

De berichten worden steeds vreemder. Nu ligt Patty weer met haar handen op haar buik gevouwen in een graf middenin een bos in Kiev. De deksel gaat straks op de doodskist waar ze zich in heeft laten manoeuvreren en die voor de gelegenheid is voorzien van een plastic buis waarmee ze hopelijk wat zuurstof binnenkrijgt, wanneer ze zich straks door vier wildvreemden voor een tijdje levend laat begraven. 'Even mediteren, blik op oneindig en gáán,' appt ze.

Foto 4, Japan

Op een woensdagmiddag komt er een foto binnen uit Japan. Patty die een hondje aait in een dierenwinkel in Japan. Daarna volgt een rits appjes met achtergrondinformatie.

'Heb net huiltherapie gehad in Tokyo.'
'Voor elke traan staat een week stressloos leven.'
'Tranen met tuiten.'
'Dan kan je dus een man inhuren die je troost.'
'Hij leest voor en laat dan zielige filmpjes zien.'
'Zat met 5 Japanse vrouwen op een matras te janken toen er een verhaal kwam over een poes met een tumor.'
'En daarna gelijk met hondjes gaan knuffelen in een winkel... was zo verdrietig.'

Foto 6: Taiwan

'Dit geloof je niet,' appt Patty uit Taiwan, en ze heeft gelijk. Het is een filmpje van een meneer die op twee blokken staat en onder zijn kimono een koord aan zijn geslachtsdeel heeft bevestigd waaraan nu een schommel hangt. Even later zie je Patty het beeld in wandelen en plaatsnemen op die schommel. 'Goed voor het libido en de doorbloeding,' schrijft ze erbij.

Pas na twee maanden komt er een einde aan de stroom foto's, appjes en filmpjes, en is Patty terug op de plek waar ze altijd weer terugkeert: Hilversum. In Studio 21 om precies te zijn, de locatie waar *Dancing on Ice* wordt opgenomen.

* * *

Is er inmiddels nog iets veranderd in het contact met Priscilla?
"Antoine heeft haar twee keer proberen te bellen. De volgende dag heeft ze hem geblokkeerd. En ik was al geblokkeerd. Ik begrijp niet dat het zo moeilijk is om even íets te antwoorden. Bijvoorbeeld 'nu niet' of 'laat me met rust'. Maar nee: meteen blokkeren. Antoine zegt het ook: tien jaar geleden gedroeg ze zich als een meisje van zestien, en nu nog steeds. Het is een rottig, gewiekst spel dat ze speelt."
Is Robert Halewijn ook geblokkeerd?
"Nee. Maar ja: Prisciel heeft haar huisje via hem geregeld, hè, dus ze zal hem niet snel blokkeren."
Hoe ben je er momenteel verder onder?
"Voor het programma met Gordon waren we in Oekraïne bij een model van 72 jaar. Ze werd ontdekt toen haar kleinzoon foto's van haar op Instagram plaatste. Die vrouw gebruikt alleen Nivea en doet nu allerlei internationale cosmeticacampagnes. Ze is beeldschoon. Volgens haar komt dat allemaal van binnenuit. Als je rust en geluk in je leven hebt, zie je er dus zo uit op je 72ste. Rust in je lijf is rust op je gezicht. Ik

merk dat zelf ook: in periodes van stress word ik één grote galbult. Die vrouw had ook zo'n jaloersmakend warme band met haar kleinzoon. Op zulke momenten realiseer ik me dat ik nooit oma zal worden. Heel heftig. Het is zo zonde allemaal, hoe het tussen Prisciel en mij is gelopen. Die vrouw zei het nog, dat je in je leven twee keuzes hebt: je kunt boos blijven of stoppen met boos zijn. Helaas kiest mijn dochter voor het eerste.

Het blijft pijn doen, maar alles went. Als zij mij niet mist, heb ik daar ook vrede mee. Dan ga ik niet elke dag meer denken: Jézus, wat mis ik mijn dochter. Ik wil niet de enige zijn die er verschrikkelijk haar best voor doet. Mijn leven gaat ook verder. En eerlijk is eerlijk: ik heb ook geen zin meer in die onrust. Al vanaf 2016 gaat het in het mailcontact dat er is geweest zo: goedmaken, nooit meer willen zien, goedmaken, nooit meer willen zien. Ik ben dat zo zat.

Op een gegeven moment, als je oud en wijs genoeg bent, moet je je toch afvragen hoe lang je dit nog gaat volhouden. Dat geldt nu vooral voor haar. En intussen ben ik er gewoon altijd, de deur staat altijd open. Meer dan dat kan ik niet doen."

De bal ligt bij haar?

"Ja. Als zij wil, is het morgen weer goed."

Maar hoe vind je dan het idee dat je je dochter misschien nooit meer ziet?

"Er zijn meer moeders die dat meemaken. Het is wat het is. Misschien voel ik me daardoor beter op Ibiza: het is daar net of Nederland niet bestaat, en dit verhaal dus ook niet. Een vorm van struisvogelpolitiek, dat realiseer ik me ook. Maar op die berg bestaat de buitenwereld gewoon niet."

Is Priscilla geen binnenwereld?

"Zij wil geen onderdeel uitmaken van mijn leven, dus dan ben je ook geen binnenwereld. Met mijn moeder ligt dat anders. Zij kiest er niet uit vrije wil voor om geen contact meer te hebben. Mijn moeder is eigenlijk gegijzeld. Volgens de verzorgster die we er hebben zitten, is ze wel aanspreekbaar, ziet ze er goed verzorgd uit en kan ze zich vrij bewegen. Dus misschien moet ik er toch gewoon eens langs gaan. En dan maar zien wat er gebeurt."

* * *

"Even schakelen hoor," zegt Patty op de eerste repetitiedag van *Dancing on Ice*, in een nog koude kleedkamer aan de rand van de ijspiste.

Het is ook nogal een overgang, van New Delhi naar het MediaPark. "Eergisteren stond ik nog ergens in de binnenlanden van India oog in oog met een sjamaan," zegt ze, terwijl ze haar presentatiekleding voor morgenavond selecteert. "Daar kreeg Gordon trouwens een soort inzicht aangereikt. Die man wees hem erop dat hij zijn geluk niet langer moest zoeken in nog meer bezittingen, maar in iets anders, en dat die bezittingen eerder een ballast dan een troost voor hem waren. Daar was Gordon zelf nog niet opgekomen. Hij raakte helemaal geëmotioneerd en heeft toen – als symbolisch gebaar – zijn Louis Vuitton-ketting geruild tegen de kralenketting van die man. Er loopt dus sinds een paar dagen een sjamaan door India die aan iedereen verkondigt dat bezit niet belangrijk is, maar dan wel met een peperdure ketting om zijn hals.

Maar goed, misschien heeft het geholpen. Zou mooi zijn. Een paar dagen eerder had Gordon nog voor 17.000 euro geshopt en mij onder andere een prachtige Vuitton-sjaal cadeau gedaan. Heel lief natuurlijk, maar het is dus geen overbodige luxe als hij daarin iets mindert."

Geheel tegen haar gewoonte, houdt ze zich verder op de vlakte over de gebeurtenissen achter de schermen en toont ze zich voor haar doen behoorlijk discreet. Ze wil wel kwijt dat het niet altijd makkelijk was op reis te zijn met een afkickende verslaafde die constant behoefte heeft aan aandacht, maar over de uitbarstingen en aanvaringen die er ook zijn geweest, houdt ze zich stil. "De vierde dag was altijd moeilijk. Dan kwam er meestal een dipje, qua humeur en zo. Dan stootte Gordon iedereen af en ging daarna huilen om het feit dat hij zo alleen was. Af en toe bezocht hij in het buitenland een meeting van de AA, de Alcoholics Anonymous. Meestal ging het daarna wel weer. Niet dat het makkelijk was hoor, maar dat wist ik natuurlijk van tevoren. Ik moet bijvoorbeeld op mijn voeding letten, terwijl hij nu discipline heeft in alles, behalve in voeding. Hij flikkert er twee zakken M&M's in als-ie een dip krijgt. Dan is hij meteen niet meer te doen voor mij. Wordt-ie onaardig en daarna weer moe. Hij kan zich helemaal het lazarus sporten, maar dat heeft geen zin als je er van alles in douwt. Zijn eten is al weg voordat wij het bord hebben staan. Hij slikt het zo naar binnen, nog net niet met servies en al. Die hele schnitzel in één keer erin, zonder te kauwen.

Maar we hebben vooral ontzettend gelachen en heel veel bijzondere dingen meegemaakt. En ik ben ook heel blij met zijn vakmanschap. Als de camera aangaat, levert Gordon televisie. Als dank heb ik hem iets cadeau gedaan in Thailand, iets waarvan ik wist dat hij dat leuk zou vinden: een hele set slakkenslijm, voor zijn psoriasislittekens. Die lieve Goor is dan zo van slag, dat hij zich geen raad weet met zoveel oprecht gemeende liefde. Op camera later die dag, was hij in tranen en zegt dan dat hij zo dol op me is, dat ik zo geduldig en lief voor hem ben. Dat heb ik ook meteen gezegd toen we gingen samenwerken: we gaan geen nieuwe Geer & Goor worden. Ik lach dingen niet weg. Ik ben nieuw, hij is onderweg om nieuw te zijn, en dat is een groot verschil. Dus als hij bekken begint te trekken of heel onaardig gaat doen, roep ik alleen maar: 'Dat is niet de afspraak. Geen Geer en Goor.' Lig ik met hem in bed in pyjama, roept-ie ineens dat ik lelijke poten heb. Alleen maar omdat hij net een bak suiker naar binnen heeft gewerkt. Dan roep ik terug: 'De enige lelijke poot in deze kamer ben jij!' Al heeft-ie een punt, mijn voeten zijn inderdaad stinklelijk.

We vormen misschien een gekke combinatie, maar nu hij

steeds meer zijn eigen gezicht begint te tonen, moet ik oprecht zeggen dat ik echt gek op hem aan het worden ben. Aan de basis is Gordon een superlief mens. En een heel slimme straatvechter, die verbaal gezien de hele Nederlandse showbusiness omver blaast, wat soms vóór hem werkt, maar soms natuurlijk ook hartstikke tegen."

En dan is het tijd om aan het werk te gaan. Wanneer in de kleedkamer ook de laatste outfit voor vandaag is uitgezocht vertrekt Patty richting het ijs, waar de producer haar snel opvangt. De repetitie staat op het punt van beginnen.

"Patty, wil je naar je plek gaan? Dankjewel. En, o ja, ik moet trouwens van John de Mol zeggen dat je er fantastisch uitziet vandaag."

"John de Mol? Is die hier dan?"

"Nee."

"Hoe weet hij dan dat ik er goed uitzie?"

"Hij kijkt mee vanuit zijn kantoor."

"Het is toch wat," zegt Patty, als ze op weg gaat naar haar plek. "Die De Mol heeft dus een heel tv-systeem in zijn kantoor, waarmee hij in de studio kan meekijken. Die man heeft Big Brother niet alleen bedacht, hij is het ook zelf geworden."

Vastberaden doorloopt ze de vaste routine van haar voorbereiding. Haarstukken goed, kleding check, draaiboek nalopen, dat soort dingen. Van de zenuwen waar ze vroeger zoveel last van had, is weinig meer te merken. Dat zou ook gek zijn, want niemand in Nederland heeft meer ervaring met spelshows en ander tv-amusement dan zij. Onderzoek van het *Algemeen Dagblad* heeft uitgewezen dat in 2018 van de 1379 bekende Nederlanders die deelnamen aan een van de vijftig spelprogramma's op tv, niemand zo vaak het beeld in schoof als Patty Brard.

Terwijl op haar presentatieplek een zender en microfoon worden omgehangen, vertelt ze de geluidsman over haar reis naar Taiwan. "Echt waar! Ik heb er een filmpje van! Die man trok met zijn lul zó een volwassen vrachtwagen de remise in!"

Maar er zijn meer incidenten die een nabespreking behoeven. Zoals de affaire tussen Bridget Maasland en Dré Hazes. Volgens de roddelpers hebben de twee al tijdens het huwelijksfeest van Patty en Antoine in 2014 staan zoenen. *Privé* zou later een reconstructie maken onder de kop: 'hoe een cougar een Hazes vangt'. Ander inmiddels breed uitgemeten detail: Bridget zou daarbij met haar slipje op de enkels hebben gestaan. Patty: 'Dat hele incident heeft voor zo'n smet op ons feest gezorgd, en dat neem ik haar hoogst kwalijk. Misschien wist ze het ook écht niet meer, want het is weleens eerder gebeurd dat ik haar vanaf een kerstborrel op een taxi naar huis heb gezet en op het hart drukte me te bellen zodra ze veilig thuis was. Toen ze belde, vroeg ze waar ik was. Ja, op die kerstborrel dus. Waarna zij doodleuk antwoordde: 'Oh gezellig, zal ik ook even langskomen?' Terwijl ze daar dus net laddertoetelorie vandaan kwam.'

Ze neemt snel een hap van haar Liga. 'Weet je dat ik ook nooit een telefoontje van haar heb gekregen met een kleine verontschuldiging over het veroorzaakte tumult rondom ons huwelijksfeest? Ik hoor het die kleine Dré nog zeggen, 's middags in restaurant Aan de Poel: 'Welkom in de familie Antoine!' Vervolgens mocht André van zijn vriendin Monique waarschijnlijk niet meer met ons omgaan vanwege het incident Bridget op de afterparty. Maar achteraf bezien had Monique beter een omgangsverbod met Bridget kunnen instellen.

Ik gun iedereen alle geluk van de wereld, maar je kunt het ook even een paar maanden rustig aankijken, of het werkt samen, in plaats van onmiddellijk met je verliefdheid de publiciteit te zoeken en in een rechtszaal op je kind zweren dat je niets met Dreetje hebt geflikt tijdens ons feest. Daar zakte míjn broek nou van af.'

Precies op dat moment komt haar collega-presentator Winston Gerschtanowitz binnen.

"Patty, ze laten straks ook nog even een fragment zien van die spagaat van jou bij *Sterren dansen op het IJs*. Vind je niet erg, toch?"

"Nou, leuk is anders en voor mij hoeft het niet," zegt ze, "maar ik snap het wel. Dus ze doen maar."

Daarna begint de repetitie.

Even later, tijdens de pauze, wanneer ze langs het uitgebreide lunchbuffet is gelopen en plotseling de verleiding niet heeft kunnen weerstaan een kroket op haar bord te leggen, zegt ze: "De week van die veelbesproken spagaat van mij, waren Antoine en ik in New York. We vlogen speciaal voor de uitzending terug naar Nederland. Gerard Joling had me een paar weken eerder op Curaçao overgehaald om mee te doen, terwijl mijn arm uit de kom lag en ik als jungle-meisje sowieso voor geen meter kon schaatsen.

Aan boord van het vliegtuig begon ik plotseling over te geven. Heel heftig, en alleen maar bloed. Ik schaamde me dood in die businessclass, die mensen moeten gedacht hebben dat ik zes flessen rode wijn had leeggedronken. Het ging maar door en het werd steeds erger. Ze gingen voorbereidingen treffen om een noodlanding te maken. Intussen werd er gevraagd of er een dokter aan boord was. Godzijdank zaten er twee artsen, en er was een steward met een verpleegkundigenopleiding. Een van die dokters had trouwens net de geadopteerde kinderen van Madonna opgehaald, als begeleider. Ik bleek een slokdarmbloeding te hebben. Als dit zo doorging, kon ik aan boord doodgaan. Ik moest zo snel mogelijk aan een infuus. Dat infuus was er, maar ze konden heel lang m'n aderen niet vinden. De piloot zei dat hij wilde landen in Newfoundland, in plaats van de Atlantische Oceaan overvliegen met mij, maar ik zei: 'Nee, maak die oversteek, ik ga niet in Newfoundland dood! Nooit.' Weet je hoe lang het duurt voordat mijn lichaam dan in Nederland is? Met dat soort dingen was ik bezig. Ik dacht echt dat het afgelopen was. Dat is het laatste dat ik nog weet. Die piloot zei later dat het de duurste vlucht was die-ie ooit had gemaakt. Hij deed er bijna twee uur korter over, we gingen de hele weg vol gas. Precies bij de laatste druppels infuus landden we. Mijn chauffeur en producent Reinout Oerlemans stonden op het vliegveld te wachten, maar ik ging meteen de ambulance in, rechtstreeks naar het AMC.

'Wat heb je in godsnaam gedáán?' vroegen ze later. Ik wist het ook niet. Ik had weleens per ongeluk een glaasje wasmiddel gedronken, misschien heeft dat plekjes in mijn slokdarm gemaakt. Ik nam in die tijd ook al extra zuurstof en destijds bestond dat uit een wit poeder, dat je moest oplossen in water en dan in één teug opdrinken. Maar op een dag deed ik er per ongeluk Vanish in, in plaats van dat poeder. Wilde ik een vlekje uit de bank halen, maar dronk ik het verkeerde glas leeg. Misschien dat die bloeding daar iets mee te maken had. Hoe dan ook: toen ik uit het ziekenhuis kwam, vroeg ik aan die dokter: 'Mag ik dan morgen wel schaatsen?'

'Wat denk je zelf?' antwoordde hij. Maar ook: 'Heeft het zin om hier nee tegen te zeggen?' Dus de volgende dag stond ik op het ijs. Het ging slecht, dat weet ik, maar ik wás er wel, ondanks de pijn. Door dat eeuwige, kloterige plichtsbesef van me, stond ik er. Ik deed nog een spagaatje ook, dat vond iedereen leuk. En ze zijn nooit meer over die kijkcijfers heen gekomen."

Elf jaar later staat ze weer tussen de schaatsende BN'ers, veertig kilo lichter dit keer en inmiddels als presentatrice. Ze is ogenschijnlijk ontspannen. Ze heeft wel weer pijn in haar maag, maar niet meer van de zenuwen. Dit keer komt het door de halve kroket van vanmiddag. Dat was een halve kroket te veel, iets dat ze even vergeten leek, maar waar ze nu op hardhandige wijze door haar darmen aan wordt herinnerd.

Een dag later, tijdens de eerste live uitzending, is de buikpijn gelukkig weg. De show verloopt vrijwel vlekkeloos en ook de kijkcijfers zijn goed, al zou je dat allemaal niet zeggen als je de appjes leest die Gordon de volgende ochtend ongevraagd en bij wijze van recensie stuurt:

Lieverdje

Keurige presentatie

Ben alleen bang dat het gaat zakken

Het is zo langzaam dat programma

En ik ga heel eerlijk zijn

Je zag eruit als een kandidaat van Hotter than my Daughter

Je moet volgende week echt de styling veranderen schat

Ga uit van die shoot van de LINDA

Meer klasse

En niet meer geilen op de kandidaten (Juvat). Die kent iedereen echt allang en jij deed net of je hem voor het eerst ontdekt had (wat waarschijnlijk ook zo is.)

Je autocue ging voortreffelijk maar de teksten rammelen en zijn richting plat en dat moet er echt uit.

Je bent zo ongelooflijk mooi op beeld en je doet jezelf echt tekort met kleding en teksten die je eruit gooit.

Allemaal details die het onderuit halen.

En ja sorry schat maar jij en Winston totaal geen match dus hou ook daar afstand van en ga niet roepen hoe gezellig geweldig bla bla de kijker gelooft er geen reet van.

Kijk op twitter en je ziet dat ik gelijk heb.

Maar buiten alles om

Hoop ik dat je mijn advies ter harte neemt kleding over de knie of een mooie jurk

Schat je bent 65 het is ook daarin tijd te veranderen

Je kon gisteren zo meedraaien met LUV en dat heb je ver achter je gelaten

Haar los beeldig langs je gezicht

Nou een heel verhaal en komt echt uit een goed hart die van je houdt! X

* * *

Moet je toch niet weer eens een poging wagen om bij Priscilla aan te bellen?
"Dat ga ik niet doen. Ik heb echt één keer te vaak de deur in mijn gezicht gesmeten gekregen."
Maar hoe vaak heb je daar nou letterlijk voor de deur gestaan?
"Ik ga daar niet voor de deur staan. Zij wíl niet."
Je bedoelt dus dat je in figuurlijke zin de deur in je gezicht hebt gekregen. Niet letterlijk?
"Ja. Het is steeds hetzelfde: dan moet ik komen, dan moet ik toch weer niet komen. De ene keer heeft ze me nodig, vervolgens gaat het weer over 'die kankermedia' van me.

Alleen al die manier van communiceren: ik kan er gewoon niet tegen."
Toch zou je wellicht nog een laatste poging moet wagen, alleen al omdat mensen anders zullen denken: ze zégt wel

dat ze het zo erg vindt, maar ze is niet eens naar haar dochter toe gegaan.

"Óf ze denken: 'Zie je wel hoe erg het is wat je haar hebt aangedaan, anders had ze je wel binnengelaten.' Ik geloof dat mijn trots inmiddels een beetje begint op te spelen. Ik heb meerdere pogingen ondernomen via de telefoon en toen Carlo me aanraadde haar elke dag een appje te sturen, om op die manier de drempel te verlagen, heb ik dat ook meteen gedaan. Maar vervolgens blokkeert ze mij en krijg ik van haar vriend te horen dat ik tien jaar te laat ben met mijn appjes. Ja jongens, zo kun je het toch nooit winnen?"

Je zou het nog één laatste keer kunnen proberen, en laten zien dat jij bereid bent je trots in te slikken. Voor haar.

"Oké, misschien moet ik dat doen. Ik zal het met Antoine bespreken, goed? Maar: wat als Prisciel denkt dat ik het alleen voor het boek doe? Krijgen we dát straks weer."

* * *

2020 is nog maar net begonnen, of Patty Brard heeft het al net zo druk als in 2019. Van een bezoek aan Priscilla is het nog niet gekomen. Wel is er constant overleg met het Kruidvat over de speciale Patty-collectie die op de Huishoudbeurs officieel ten doop zal worden gehouden (allerlei huishoudelijke artikelen die zijn te herkennen aan de panterprint waarin ze zijn gehuld, tot toiletpapier aan toe), er is overleg met Talpa-directeur Marco Louwerens over haar toekomst op tv, er is een pilot met Richard Groenendijk als mogelijk nieuw presentatieduo voor *Paleis voor een Prikkie*, deelname aan *Lingo* voor de Vriendenloterij, een hele rits uitnodigingen voor premières, feestjes en vernissages en dan zijn er ook nog de wekelijkse live-uitzendingen van *Dancing on Ice*, waarbij elke zaterdag van haar wordt verwacht dat ze de kijkers met een vrolijk gemoed welkom heet en door de uitzending leidt.

Niemand weet intussen hoeveel moeite het kost om die glimlach elk weekend weer tevoorschijn te toveren, want in het privéleven van Patty Brard overheerst eigenlijk al wekenlang vooral verdriet. Er woedt nog steeds de pijnlijke strijd over het bezoekrecht aan haar dementerende moeder, met een steeds feller wordende Bénédicte Ficq als ingehuurde medestrijder in het gevecht tegen haar eigen zus. En inmiddels ook een strijd tegen de tijd.

Ook Ficq is ervan overtuigd dat Debby Brard ten onrechte haar moeder weghoudt van de andere kinderen, en dus worden er sommaties verstuurd aan zowel zorginstelling Florence Dekkersduin als aan Debby Brard zelf, maar beide zonder resultaat. Justitie wordt ingeschakeld, er komt een onderzoek en een oproep te komen getuigen op het politiebureau, maar de zus van Patty weigert te verschijnen. Er is ook een constant groeiende stroom bewijsmateriaal, een berg bankoverschrijvingen die voor vraagtekens zorgt, en er is alarmerend app-verkeer met mensen die Patty's moeder wél hebben gezien en zijn geschrokken.

Maar er is vooral, naast de groeiende berg advocaatkosten, een toenemend gevoel van onbehagen.

Half januari, na een gezamenlijk bezoek aan het kantoor van Ficq in het centrum van Amsterdam, blazen broer en zus stoom af aan een tafeltje in café Oosterling. Er heeft zich deze week een doorbraak voorgedaan. Ficq heeft voor elkaar gekregen dat Antoine en Dennis voor het eerst in vier jaar op bezoek konden bij moeder Brard. Volgens Patty heeft het aandringen van Ficq ervoor gezorgd dat de zorginstelling een nieuwe, externe advocaat heeft ingehuurd. Die stuurt aan op vrede. Het is de eerste grote zet in het schaakspel rond haar moeder. Zelf kon ze niet mee op bezoek, omdat ze met Gordon in Oostenrijk was voor opnames, maar per app werd ze op de hoogte gehouden. "Dennis en Antoine schrokken ervan hoe onverzorgd ma eruitzag. Ik heb foto's gezien, het leek wel of haar haren in geen eeuwen waren gewassen. Maar zwaar dement, zoals mijn zus beweert? Nee, dat was ze niet. Ze herkende iedereen direct, benadrukte ook telkens uit zichzelf hoe blij ze was met name Dennis te zien. Toen Antoine vroeg of ze mij ook wilde zien, zei ze heel duidelijk: heel graag. Antoine heeft alles opgenomen met zijn telefoon, als bewijsmateriaal. Daarop hoor je mijn moeder meerdere malen zeggen dat ze haar kinderen graag wil zien. Dennis én Patty.

Bénédicte heeft me nu aangeraden om aanstaande zaterdag gewoon naar Dekkersduin te gaan. Ik weet dat mijn zus en de instelling kunnen dreigen met alle papieren die mijn moeder zou hebben getekend, maar die negeren we gewoon. Ik ga. Samen met Antoine. Grote jongen die ons nu nog tegenhoudt. En mocht ik toch tegen een dichte deur aanlopen, dan rest ons nog maar één ding. Dat start ik de volgende dag samen met mijn broer een kort geding tegen onze zus. Het klinkt misschien hard, zeker als je weet dat ze dan zelfs de kans loopt in de gevangenis te belanden, maar het is niet anders. Het gaat me niet om het geld. Het gaat me maar om twee dingen. Eén: ik wil mijn moeder nog zien voordat het straks te laat is. Twee: ik wil straks mijn naam op de rouwkaart hebben. Ik sta niet toe dat er voor de tweede keer wordt gedaan alsof ik nooit heb bestaan, zoals bij mijn vader."

Dus is het met hetzelfde weeë gevoel in de maag als 35 jaar geleden in San Remo, dat ze op een zaterdagochtend met Antoine in de auto stapt voor de rit naar Zorginstelling Dekkersduin in Den Haag. Tussen haar benen staat een tas. Daarin zit niet alleen een plastic bakje met zuurkool, maar ook een doos met haar moeders lievelingscake, afkomstig van banketbakkerij Van Wely in Amsterdam, een paar warme truien alsmede een fles droogshampoo om iets aan haar onverzorgde haren te kunnen doen.

Maar halverwege de reis keert ze alweer om.

In twee appjes legt ze uit waarom.

Patty 13:20
Ik zou vanmiddag om 14:00 uur gaan maar Debby heeft mijn moeder weggehaald uit 't tehuis om 13:00 uur om mijn bezoek te voorkomen! Wat moet zij zich schamen! Een vrouw van 90 zo te behandelen puur en alleen voor geld! We gaan het kort geding aan!

Het heeft een sombere zondag tot gevolg. Op haar verdrietigste momenten heeft ze zelfs de neiging om alles op te geven, maar gelukkig is er dan nog Bénédicte Ficq. Zij bijt zich steeds verder vast in de zaak, nu ook háár ergernis over het verstrijken van de tijd groeit. Het zorgelijkst vindt ze dat Justitie opeens niet of nauwelijks meer reageert. Nog diezelfde week mailt Patty een kopie van de pittige reminder van haar advocaat.

Van: Bénédicte Ficq
Verzonden: Monday, January 27, 2020 11:21:36 AM
Onderwerp: Uitbreiding aangifte in zaak Brard

Geachte officier,

Nu enige reactie in dit dossier van uw zijde geheel ontbreekt en ik vandaag wederom nieuwe informatie aan u toezend, verzoek ik u nu wel te reageren op de ontwikkelingen aangaande de isolatie van mevrouw Brard.

Cliënten hebben moeten constateren dat er sprake is van ernstiger ouderen-isolatie van hun moeder door Debby Brard dan waar zij, cliënten, al bang voor waren.

Met heel veel moeite heeft Dennis Brard zijn moeder vorige week na jaren weer kunnen bezoeken. Moeder benadrukte dat zij haar zoon en dochter wel degelijk heeft willen zien. Cliënt Dennis Brard zag/ ervoer dat zijn moeder hem herkende en dat zij haar wil vrijelijk kon uiten en formuleren.
Ook het personeel van Florence erkende de herkenning door moeder van haar zoon en ander recent bezoek als ook het formuleren van door haar gewenst bezoek.

Genoemde actuele wens van moeder wordt compleet genegeerd door Debby Brard, nog steeds beroept zij zich op een door moeder Brard betwiste 'wilsverklaring' uit 2014.

Mijn verzoek aan u:
Cliënten verzoeken met klem het strafrechtelijk onderzoek uit te breiden jegens Debby Brard. Dit met het strafrechtelijk verwijt dat zij haar moeder wederrechtelijk van haar vrijheid beroofd houdt door ten onrechte te stellen dat haar moeder haar twee an-

dere kinderen niet wil zien, terwijl blijkt (zie eerder toegezonden transcript) dat dat niet waar is en Debby Brard dit weet.
Niet gewilde isolatie levert wederrechtelijke beperking van haar vrijheid op.

Vriendelijk verzoek ik u morgenochtend contact met mij op te nemen.

Met vriendelijke groet,
Bénédicte Ficq

* * *

Hoe was vroeger de band tussen jou en je moeder?
"Mijn moeder was altijd erg op de achtergrond. Zij deed wat mijn vader vond dat er gedaan moest worden. Hij wilde liever niet dat zij haar beroep uitoefende. Ze was schoonheidsspecialiste en kapster met een salon aan huis, maar mijn vader vond dat lastig. Hij was het aanzien van de familie en mijn moeder stond de haren te kappen van mensen die werkten bij wat hij 'het gouvernement' noemde."
Een statusdingetje?
"Ja. Echt oud-Indisch. Mijn vader is daarbij gevormd door zijn jaren in een Japans kamp, dus mijn moeder heeft geen gemakkelijk huwelijk gehad. Maar ze bleef loyaal en zei op alles ja en amen. Dat is nu ook het probleem, vermoed ik. Dat ze is

meegegaan in dingen die helemaal niet in haar belang zijn. Iets wat ze haar hele leven heeft gedaan."

Ben je bang dat je niet meer op tijd zult zijn om haar nog te zien?

"Ja. Ze is in 2019 negentig jaar geworden, het kan elk moment afgelopen zijn. Maar tegelijkertijd zie ik haar liever nooit meer dan dat ik niet voor haar welzijn heb gevochten."

Hoe bedoel je dat?

"Ik weet inmiddels dat er dertigduizend gevallen van ouder-isolatie per jaar zijn. Bejaarde mensen die door hun eigen familie worden geïsoleerd en vervolgens afgeroomd. Het bizarre is dat de handleiding van hoe je dat moet doen online via de website van de Rijksoverheid kunt vinden. Ik zou gewoon liever hebben dat mijn moeder haar laatste weken, maanden of jaren nog op een prettiger manier kan doorbrengen dan hoe ze nu moet leven. Als dat betekent dat ik haar niet meer zie, moet dat maar. Al hoop ik natuurlijk wel heel erg dat het er alsnog van komt."

Beschrijf jullie band nou eens?

"Omdat mijn vader zo streng was, luisterden wij allemaal naar hem. Dus mijn moeder zei altijd, als ik met iets kwam: 'Vraag maar aan papa.' Hij was toch degene die bepaalde. Maar als mijn broertje en ik nachtenlang wakker lagen van onze astmatische bronchitis, zagen we hem niet. Dan zat zij trouw naast ons, terwijl mijn vader het belachelijk vond dat ik de zwemles oversloeg. Hij was veel harder, zij een echte moeder. Wat dat betreft heb ik later wel mijn trekken thuis gekregen."

Hoe bedoel je?

"Ieder kind wil de normaalste moeder ter wereld. En die had ik. Er zat geen greintje rock-'n-roll bij. Uit school een kopje thee, ons beschermen tegen die strenge vader, heel verzorgend. Wat dat betreft heeft Prisciel natuurlijk niet de normaalste moeder van de wereld getroffen. Maar dat realiseer ik me pas nu ik ouder ben. Wat een mazzel ik zelf heb gehad en hoe zij heeft moeten lijden onder mijn gedoe. Ik heb het gedrag teruggekregen dat ik zelf tegen mijn moeder vertoonde, het opstandige. Ik heb mijn moeder destijds niet behandeld met de waardering die ik nu voor haar voel. En de grap is dat ik inmiddels net zo normaal ben als mijn eigen moeder toen. Maar ja, Prisciel wilde als kínd die normale moeder."

Een 'Joan Collins-moeder', noemde Robert Halewijn dat, een flamboyante moeder die niet bepaald braaf met de thee en de koekjes zit te wachten op de kinderen.

"Toen we in Los Angeles woonden, zei Priscilla al vaak dat ik haar maar op de hoek moest afzetten. Ik zong te hard in de auto, straks kon iedereen dat horen. Dat vond ze al gek, laat staan toen ik later gek ging doen op tv. Voor mijn gevoel ben ik er wel voor haar geweest, al is ze natuurlijk voornamelijk opgevangen en opgevoed door kindermeisjes. Eerst Hailey, later Barbara. Altijd Engelsen, die nogal streng waren. Haar hele leven werd gepland: school, pianoles, ski-les. Ik deed alleen de leuke dingen: het weekend. Daar maakte ze al van kleins af aan misbruik van, omdat ze mijn schuldgevoel haarscherp aanvoelde."

* * *

Het is een week later. Ficq heeft haar aangespoord nu vol te houden, en dus is Patty voor de tweede zaterdag op rij met Antoine onderweg naar Den Haag in een nieuwe poging haar moeder te zien. Weer heeft ze een volle tas tussen haar benen staan. Dit keer zijn het de lievelingscake van haar moeder, een beker bouillon en de rest van de ingrediënten voor Soto-soep, een zijden Gucci-sjaal (bruin), een krultang, een borstel en een bus haarspray, een Louis Vuitton-sjaal (blauw), rode nagellak en een grote papieren tas van Claudia Sträter met daarin twee vesten en twee nieuwe truien. De droogshampoo is ook weer mee.

"Mijn hart bonst in mijn keel," zegt Patty, voordat ze de straat in rijden waar haar moeder al die tijd al achter gesloten deuren verblijft. Het is vier jaar geleden dat ze elkaar voor het laatst in levenden lijve hebben gezien. Voordat hij uitstapt, brengt Antoine zijn iPhone alvast in gereedheid. Hij zorgt ervoor dat de dictafoon al aan het opnemen is wanneer ze straks het gebouw binnengaan. "Dat moet," zegt Patty. "Ook als we zo meteen bij de balie worden weggestuurd, wat ik niet uitsluit, is dat bewijsmateriaal." Bij het oversteken van de weg benadrukt ze nog maar eens hoe zenuwachtig ze is.

Maar ze worden helemaal niet weggestuurd.

Sterker nog: ze worden plotseling uiterst vriendelijk en zelfs met open armen ontvangen.

Waar Antoine vorige keer nog in een hoog oplopende woordenwisseling met zijn razendsnel gealarmeerde schoonzus belandde, krijgen Patty en hij nu direct een hand van een vriendelijke zorgmanager van Florence, én een warm welkomstwoord, én een rondleiding. De boze brieven van Ficq hebben hun effect gehad. Er blijkt plotseling een heel andere wind te waaien. "Koffie en thee komen er zo aan," zegt de vriendelijke mevrouw op weg naar de afdeling. "U mag alles zien en alles vragen. Wij staan hier helemaal buiten, maar het lijkt me in ieders belang dat alle partijen zo goed mogelijk met elkaar omgaan. En helemaal in het belang van uw moeder."

Even denkt Patty dat ze het allemaal verkeerd heeft verstaan, maar daarna begint ze volmondig te knikken.

In de gang worden vier stoelen bij elkaar geschoven rond een tafeltje tegenover de lift. Daarna verdwijnt de zorgmanager nog steeds vriendelijk lachend richting een beveiligde deur. "Ik zal het hoofd van de afdeling waarschuwen en zeggen dat u er bent. Ze komt dan straks naar u toe, met uw moeder."

Bijna laat Patty de cake van Van Wely uit haar handen vallen.

Het is acht minuten over twee op zaterdagmiddag aan de rand van Den Haag en na jaren van strijd begint het er toch echt op te lijken dat Patty haar moeder weer gaat zien, wanneer aan het einde van de gang een deur openzoemt en een schuifelende gestalte achter een rollator opdoemt, begeleid door een zuster die geduldig meeschuifelt en haar een arm geeft ter ondersteuning.

Patty staat direct op, doet haar haren goed en trekt een paar keer haar kleding recht, alsof ze een schip moet gaan dopen of op het punt staat een andere officiële taak te verrichten.

"Jezus," zegt ze heel zachtjes, wanneer de grijze schim dichterbij komt en ze daarin langzaam maar zeker haar eigen moeder herkent.

Dan is er voor het eerst oogcontact.

"Háááái," zegt Patty, zo rustig als ze kan.

Haar moeder schiet eerst in de lach. Daarna trekt er een waas van verbazing over haar gezicht. Vervolgens begint ze weer te lachen.

"Haai mama."

"Ach."

Moeder en dochter kussen elkaar. Drie keer, in slow motion. Wanneer haar moeder van de ergste verwarring bekomen lijkt en Patty de eerste tekenen van herkenning in haar gezicht meent te ontdekken, probeert ze direct een zo vertrouwd mogelijke toon aan te slaan.

"Gezellig, hè?"

Haar moeder lacht. "Goh," zegt ze.

"Dat is lang geleden hè, mam?"

"Ach."

"Dat had je zeker nooit verwacht?"

"Nee."

Eenmaal aan het tafeltje tegenover de lift, probeert Patty het geheugen van haar moeder een zetje te geven.
"Kijk dan? Cake van Van Wely. Ben ik lekker voor je gaan halen in Amsterdam."
"Nee."
"Lekker toch? Dat at je vroeger toch altijd, toen je met papa in Amsterdam woonde? Weet je nog?"
"Wat zeg jij?"
"Dat je die cake van Van Wely zo lekker vond toch?"
"Ja, maar ik weet helemaal niet..."
"Wat niet?"
"Ik wist helemaal niet..."
"Wat wist je niet? Je wist niet dat ik kwam?"
"Nee, dat wist ik niet."
"Ik mocht ook eerst niet komen."
"Ach, nee. Waarom?"
"Een lang verhaal, mam. Maar ik heb ervoor gevochten dat ik nu weer wel mag komen."
"Oh."
"Is toch fijn? Dat ik weer bij je kan komen?"
"Nou, heerlijk."
"Vind je het lekker, mam?
"Ja."
"Ik heb nog veel meer cadeaus meegenomen."
"Meer?"
"Ja."
"Godsamme."

"Neem eerst nog maar een hapje van je cake."
"Ik weet helemaal niet hoe..."
"Neem eerst maar een hapje."

Het duurt lang voordat het servetje is verwijderd. Daarna neemt ze een hap.
"Oh, geweldig."

Het is vandaag mistig in het hoofd van mevrouw Brard, mistiger dan de laatste keer dat Antoine hier was. Het kan met alle plotselinge commotie te maken hebben, maar de sluier die voor haar geheugen hangt en ervoor zorgt dat haar herinneringen steeds vaker onvindbaar blijven, belemmert haar op momenten als deze bij vlagen ook van het vermogen zich goed verstaanbaar te maken. De conversaties die Patty en zij bij hun hereniging voeren, blijven daardoor steeds vaker beperkt tot dit soort dialoogjes:

"Wanneer ben je voor het laatst naar de kapper geweest, ma?"
"Weet ik veel."
"En wie heeft je nagels zo mooi gedaan?"
"Wat?"
"Beeldig, je nagels."
"Ik weet niet..."
"Je nagels."
"Oh. Ja."
"Heb je die zelf zo mooi gedaan?"
"Hè?"

"Die nagels?"
"O, dat weet ik niet."
"En hoe vind je je nieuwe sjaal?"
"Beeldig."
"En je nieuwe trui?"
"Beeldig."
"En vind je het fijn dat we er zijn, mam?"
"Oh, heerlijk."

Een halfuur later. Patty is op de kamer van haar moeder, wrijft al een tijdje over haar rug en geeft haar nu een kus. Haar moeder geeft een kus terug. Daarna zitten ze een tijdje zwijgend op het bed en kijken naar buiten, waar niets gebeurt. Haar moeder mag dan bij vlagen moeite hebben onder woorden te brengen wat ze voelt, er gaat op dit moment wel een grote mate van rust en zo te zien zelfs geluk van haar uit.

Op het dressoir staan ingelijste foto's. Het zijn er een stuk of vijftien. Tussen de lijstjes staan een paar zwartwitafdrukken uit het Nieuw-Guinea van de jaren veertig, en een vrolijke foto uit de jaren negentig met een nog jonge Priscilla naast haar oma. De mooiste plek is voor Robert. Vanuit zijn zilveren lijst kijkt hij zelfverzekerd de kamer van zijn moeder in. Patty staat nergens tussen, zelfs op gezamenlijke familiefoto's ontbreekt ze. Ook Antoine bestaat niet op het dressoir.

Patty pakt maar weer eens een tas. 'Louis Vuitton, mai-

son fondée en 1854, Paris', staat erop. De tweede sjaal wordt uitgepakt en omgedaan. Daarna plukt mevrouw Brard een tijdje aan haar haren. Op bed plakt Patty intussen een paar etiketten met datum en naam van haar moeder op de bakjes Soto-soep. Zo verstrijkt de tijd in het kamertje in Den Haag. Alleen de poging om voor kapster te spelen mislukt. De krultang maakt te veel herrie. Het maakt haar moeder angstig.
"Je bent moe, hè?" zegt Patty aan het einde van de middag, "Kom, we laten je met rust."
"Nou, ik weet niet..."
"Ben je niet moe?"
"Nou, dat weet ik niet hoor."
"Vond je het wel fijn dat we er waren?"
"Oh, heerlijk."
"Heerlijk?"
"Ja. Heerlijk."

Moeder en dochter gaan voetje voor voetje richting de lift. Ze kussen elkaar. Er vloeien geen tranen. "Ik kom snel weer terug, mam," zegt Patty. "Ik zal ervoor zorgen dat je alles krijgt wat je nodig hebt." Haar moeder lacht nog maar eens. Daarna begint ze te hoesten. Ze heeft een opkomende verkoudheid. Gelukkig liggen er in haar kast op de gesloten afdeling inmiddels een Louis Vuitton- en een Gucci-sjaal om haar te beschermen tegen te veel tocht.

Wanneer de liftdeuren bijna sluiten en Patty nog snel een kushand geeft, draait haar moeder haar looprek om en schuifelt weer terug naar de gezamenlijke woonkamer. Daar is een oude mevrouw in een gele trui inmiddels voor het raam in slaap gevallen. Op de bank zitten twee grijze dames uit de maat mee te neuriën met een kinder-cd vol Sinterklaasliedjes. In de gezamenlijke keuken hangt een kalender. Daarop staat dat het vandaag zaterdag 1 februari 2020 is.

Buiten is Patty op de stoep aan het uitblazen. De vriendelijke zorgmanager komt naar buiten om nog even afscheid nemen en vraagt of alles naar wens is geweest. Het is het onverwachte slot van de zoveelste enerverende dag in het bestaan van Patty Brard.

"Hier ging het mij allemaal om," zegt ze, vlak voordat ze opgelucht in de auto richting Amstelveen stapt, "dat ik mijn moeder nog heb kunnen zien. En dat ik haar heb kunnen zeggen en laten voelen dat ik van haar houd. Dat was het aller-, allerbelangrijkste voor mij. Natuurlijk is er straks nog de financiële afwikkeling met mijn zus. En misschien ook wel de justitiële, wie weet. Vooral mijn broer laat het er nu niet meer bij zitten, dus dat kan nog wat worden. Maar wat me hierna ook allemaal nog te wachten staat, dit neemt niemand me meer af. Ik ben hier echt heel gelukkig mee. En ik hoop stiekem dat dit ook een goed signaal is naar Priscilla. Dat ook zij zich nu realiseert dat niet alles wat mijn zus over mij beweerde per se de waarheid was. En dat het dus bijvoorbeeld helemaal niet zo is dat ik, zoals Priscilla al die jaren is wijsgemaakt, aan mijn 'Paleisje aan de Amstel' woon dankzij het geld dat ik mijn ouders afhandig heb gemaakt. Ik ben geen dief. Ben ik ook nooit van mijn leven geweest. Ja, van mijn eigen portemonnee, maar verder niet."

* * *

Waarom denk je dat je niet moest huilen toen je je moeder na vier jaar weer zag?

"Ik ben blij dat het zonder tranen is verlopen. Mijn moeder voelde zo breekbaar en had zo'n blije blik in haar ogen dat ik niet kon huilen. Ik wilde het moment van blijdschap niet overschaduwen. Van tevoren had ik me afgevraagd hoe ik haar herinneringen kon terugbrengen naar de mooie tijd die mijn ouders hadden gehad toen ze in Amsterdam woonden. Mijn moeder deed haar boodschappen op het Gelderlandplein en was dol op de fruitcake van bakkerij Van Wely. Die had ik bij me. Ze was ook dol op de chiquere damesmodewinkels, en kocht af en toe een mooie zijden sjaal. Daar had ik er twee van bij me. Ik heb ze ingespoten met mijn parfum, zodat ze me de hele week nog kon ruiken. Ze genoot van de geur, dus de volgende keer dat ik haar bezoek, krijgt ze ook een fles Hermès. Mijn moeder maakte vroeger altijd Soto-soep, mijn lievelingsgerecht uit de Indische keuken. Daar had ik een bakje van meegenomen. Het moest haar feestje zijn die dag, niet het mijne. Je weet namelijk nooit hoe het afloopt, en ik wil niet dat zij mij de laatste keer in tranen zou hebben gezien. Zo had ik dat besloten."

Wat is het beste advies dat je ooit hebt gekregen?

"Dat je verdriet niet moet wegstoppen. Dan gaat het zich in je lichaam manifesteren. Reinier van Dantzig, de haptonoom die mij hielp na het faillissement, maakte me dat duidelijk. Als je jezelf nooit uit en dingen maar blijft wegsnuiven, weg-zuipen, wegkopen of wegstoppen, ga je daar uiteindelijk een keer fysiek de rekening voor betalen. Dus: krop het niet op! Praat erover. Dan zal je ook zien dat je niet de enige bent die worstelt."

Jij werkt heel hard, hebt bijna altijd iets te doen. Is dat ook zodat je geen tijd over houdt om over je eigen leven na te denken, en de fouten die je eventueel hebt gemaakt?

"Ik werk inderdaad hard, maar het is ook echt belangrijk om rustmomenten op te zoeken. Voor mij is dat: mediteren, sporten en af en toe drie dagen in bed Netflixen."

Maar ga je er weleens bewust voor zitten om na te denken over je leven, en over de situatie met Priscilla, of is dat iets dat je liever niet doet?

"Dat is iets dat ik liever niet doe. Als je zwelgt in je eigen verdriet, wordt het alleen maar groter."

Jij zet vaak een soort tussenpersoon in om problemen met anderen op te lossen. Een gezamenlijke vriendin om het contact met Evert en Robert te herstellen, Robert zelf bij Priscilla, Bénédicte Ficq om je moeder weer te kunnen zien. Waarom doe je dat soort dingen niet rechtstreeks zelf?

"Ik ben niet goed in het oplossen van ruzies. Op zulke momenten kan ik moeilijk verwoorden wat ik voel en word ik boos als een ander niet begrijpt wat ik wil zeggen. Soms heb ik dan een ander nodig. Waarom denk je dat er zoveel managers zijn? Om types als Tijl Beckand te bellen. Want mijn bloed kóókt, maar toch kom ik daar dan zelf niet uit."

Houd je er rekening mee dat je je dochter nooit meer zal zien?

"Ja. Het zou heel erg zijn, maar ik ga altijd van het ergste uit. Als je het minst verwacht, kun je de grootste teleurstellingen aan."

Het zou ook voor nieuwe onrust kunnen zorgen als jullie elkaar wel weer gaan zien.

"Absoluut. Daar heb ik zelf ook al vaak over nagedacht. Dat ik me heb afgevraagd of het me allemaal wel de moeite waard is. Want: gaat het ooit echt helemáál goedkomen? Bij alles wat ik in haar ogen niet helemaal perfect doe, krijg ik strafpunten. Toch kom ik altijd op één ding uit: het is en blijft je kind. En ik wil niet dat het zo eindigt. Het leek mij verschrikkelijk om mijn moeder nooit meer te zien. Ik kan je niet vertellen hoe dankbaar ik ben dat dat toch is gelukt. En ik hoop dat Prisciel ook tot dat inzicht komt, los van alles wat er is gebeurd: dat je de band tussen moeder en kind niet kunt negeren. Tegelijkertijd word ik er heel moe van, hoor."

Waarvan?

"Dat voortdurende geanalyseer van mijn gedrag door anderen. Als je ziet hoeveel mensen er ruzie in de familie hebben! Misschien is de relatie tussen mijn dochter en mij daarom zo interessant: omdat het voor veel mensen herkenbaar is.

Je kunt wel familie zijn, maar dat betekent niet automatisch dat je op elkaar lijkt, hetzelfde denkt of het altijd goed met elkaar kunt vinden."

In het tv-programma *Je zal het maar zijn*, gepresenteerd door Sophie Hilbrand, zei Priscilla: 'Ik zou zo graag mijn moeder terug willen, maar niet Patty Brard.'

"Ja, nou ja, ik begrijp dus inmiddels echt wel dat een kind het liefst een zo normaal mogelijke moeder heeft."

Destijds werd jij zo kwaad op de makers van dat programma dat je al voor uitzending dreigde met advocaten. Het is inmiddels jaren later, je bent in een andere fase van je leven, misschien had je je nu minder op hen gericht en meer op de hartenkreet van Priscilla?

"Nee. Ik vind het nog steeds slechte journalistiek dat je iemand op tv over een ander laat praten zonder die ander te horen."

Maar misschien had je toen op haar boodschap moeten reageren door naar haar toe te gaan en te zeggen: 'Hier ben ik."

"Ik blijf erbij dat het heel gek is dat zij mij altijd veroordeelt op alle publiciteit en dan zélf zoiets via de media ging doen, voor 1500 euro."

De spagaat is: hoe meer jij in de publiciteit bent, hoe lastiger jullie band zich herstelt.

"De weg terug is allang gepasseerd. Ik ben 65, dat station bestaat niet meer."

Maar misschien als jij tien jaar geleden had gezegd: Oké, ik stop met televisie...

"Dat had ik nooit gedaan. Ik zou haar ook nooit verplichten een andere baan te nemen. Ik heb geen zin in voorwaarden waarop je iemand wel of niet mag zien. Ook niet met een kind. Een goede relatie zou niet moeten afhangen van welke baan ik heb, of wat ik wel en niet zeg in dit boek."

Wie zou je nog weleens willen terugzien?

"Mijn vader. Die man zou eens moeten weten wat een puinhoop hij heeft achtergelaten, terwijl hij alles altijd zo netjes voor elkaar wilde hebben."

Wat komt er op jouw grafsteen te staan?

"Niks. Ik wil gecremeerd worden."

Welke muziek moet er dan op je uitvaart worden gespeeld?

"'Smile', van Nat King Cole. *Smile though your heart is aching / Smile even though it's breaking / When there are clouds in the sky, you'll get by. / If you smile through your fear and sorrow / Smile and maybe tomorrow. / You'll see the sun come shining through for you.* Nou, die tekst is me wel op het lijf geschreven, toch?"

Zeker. Hoe vind je het om 65 te worden?

"Pensionada, weer een stuk dichter bij het einde. Maar het houdt me ook levendig. En ik denk veel vaker dan vroeger: 'Wauw, wat te gek dat ik dit allemaal nog mag doen!"

Jij zegt steeds dat je best zonder de roem en bekendheid kan, maar is dat echt zo, denk je?

"Als je 65 jaar wordt, ga je er rekening mee houden dat die dag komt. Ik weet heel goed dat mijn televisiejaren na dit contract voorbij zijn. Na mijn 68ste is het afgelopen."

Wat als ze je dan toch weer een contract aanbieden?

"Zolang ik nog bij de tijd en goed ter been ben, zal ik het zeker overwegen. Ik heb aan mijn eigen vader gezien hoe hij *downhill* ging na zijn pensioen. Dus ik blijf liever werken."

Maar denk je dat je de aandacht kunt missen?

"Jawel. Omdat mensen sowieso graag met mij praten. Zowel kinderen als volwassenen spreken mij aan en vertellen me hun verhaal. Dat zal niet veranderen."

Wie is de belangrijkste persoon in je leven?

"Antoine. Een stevige basis is belangrijk – die vormt hij."

En van wie houd je het meest?

"Dat klinkt misschien vreemd, maar ik houd heel erg veel van mezelf. Uiteindelijk is geluk niet afhankelijk van een ander, hoe gelukkig je ook met een ander kunt zijn. Ik zou willen dat ik dat veertig jaar eerder had geweten, dat had me een hoop zinloos gejaag gescheeld."

Waar heb je spijt van?

"Spijt is een nutteloze emotie, die ik liever verdring. Ik kijk niet graag terug, want het heeft geen zin. Het is namelijk al geweest. En wat er nog komt weet je niet. Het leven is gelopen zoals het is gelopen en daar doe je niets aan. Je leeft, je valt, je staat op, je leert, snel of langzaam, maar het is wat het is."

Patty 16:21
Ik ben zo blij! Ik heb haar in elk geval kunnen zeggen dat ik van haar hou! ❤❤❤ 🙏🙏🙏

Van: Antoinnette Scheulderman
Verzonden: dinsdag 22 oktober 2019 08:12 CET
Aan: Debby Wagemaker
Onderwerp: biografie

Beste mevrouw Wagemaker, beste Debby,

Ik ben Antoinnette Scheulderman, schrijver/journalist voor tijdschrift LINDA. en Volkskrant magazine. Michel van Egmond – bekend van zijn boeken over oa René van der Gijp en Wim Kieft – en ik zijn door uw zus Patty Brard gevraagd haar biografie te schrijven. Het boek moet volgend jaar verschijnen, ter gelegenheid van haar 65ste verjaardag.

Uiteraard zijn wij op de hoogte van het feit dat Patty en u al jaren geen contact met elkaar hebben en dat jullie momenteel in een juridische procedure zijn verwikkeld over het bezoekrecht van jullie beider moeder.

Maar ondanks dat wilden we u toch mailen. We zouden u graag spreken over uw zus en willen u sowieso de kans bieden om uw kant van het verhaal te vertellen.

Indien gewenst kunnen we een en ander uiteraard ook eerst telefonisch toelichten.

Ik hoop in elk geval dat we van u horen.

Met vriendelijke groet,
Antoinnette Scheulderman en Michel van Egmond

Van: Debby Wagemaker
Verzonden: woensdag 23 oktober 2019 13:21 CET
Aan: Antoinnette Scheulderman
Onderwerp: biografie

Beste mevrouw Scheulderman,

Uw bericht betreffende het volgend jaar uit te brengen boek over mijn zus Patty en het hieraan door u gekoppelde verzoek heb ik in goede orde ontvangen maar met enige verbazing gelezen.

Patty stelde namelijk eerder via haar advocaat, ik citeer letterlijk en leg de nadruk op het woord letterlijk: 'Vanwege het zeer persoonlijke karakter van deze zaak is mijn client er alles aan gelegen de zaak buiten de publiciteit te houden, immers, met publiciteit zou niemand gebaat zijn. Mocht u zich desondanks negatief over mijn client uitlaten in de pers, dan volgt direct een dagvaarding op grond van laster en smaad.'

U zult begrijpen dat ik naast bovenstaande om mij moverende redenen aan uw verzoek geen gehoor zal geven. Wens u beiden veel succes met de productie van de biografie.

Met vriendelijke groet,
D.M. Wagemaker-Brard

Van: Antoinnette Scheulderman
Verzonden: Woensdag 23 oktober 2019 18:00 CET
Aan: Debby Wagemaker
Onderwerp: biografie

Beste mevrouw Wagemaker,

Dank voor uw snelle reactie. Wij vinden het spijtig te horen dat u ons niet te woord wilt staan. We zouden graag willen weten wat volgens u de reden is dat Patty en uzelf gebrouilleerd zijn geraakt, en ook waarom u het belangrijk vindt dat zowel uw zus Patty als uw broer Dennis hun hoogbejaarde moeder niet mogen bezoeken, ondanks hun vele verzoeken daartoe.

Mocht u uw beslissing willen heroverwegen dan heeft u ons mailadres en telefoonnummer: wij zijn altijd bereid naar uw kant van het verhaal te luisteren.

Met vriendelijke groet,

Antoinnette Scheulderman